작은 것이 아름답다

너머학교 고전교실 13

작은 것이 아름답다

새로운 삶의 지도

에른스트 프리드리히 슈마허 원저

장성익 글 · 소복이 그림

너머학교

이 세상과 삶의 진실을 찾아서

제가 『작은 것이 아름답다』라는 책을 처음 만났을 때 가장 먼저 이런 생각이 들었습니다. 음, 제목 한번 기막히게 잘 지었군. '작은 것이 아름답다'라는 말 자체도 참 멋진 데다 책의 메시지를 아주 명쾌하고도 간결하게 전달하고 있기 때문입니다. 아니나 다를까, 1973년에 출간된 E. F. 슈마허의 책 제목으로 쓰였던 이 단순한 한마디는 생태주의의 슬로건을 넘어 오늘날 수많은 사람이 즐겨 쓰는 인기 있는 말로 자리 잡았습니다.

하지만 어쨌거나 중요한 것은 제목이 아니라 책의 내용이겠지요. 고백건대 『작은 것이 아름답다』는 제가 오랫동안 환경과 관련한 여러 일을 해오는 동안 무척이나 소중하고 믿음직스러운 길잡이가 되어 주었습니다. 다른 모든 것들이 그러하듯이 환경문제 또한 '껍데기'만

알면 제대로 아는 것이 아닙니다. '알맹이', 곧 본질과 구조를 알아야 온전히 안다고 할 수 있지요. 이 책의 으뜸가는 장점이 여기에 있습니다. 모든 환경문제의 바탕에 깔려 있는 산업기술사회의 어두운 실체를 속 시원히 파헤치고 현대문명의 급소를 찌르는 책. 나아가, 그럼으로써 지금 우리가 살아가는 이 세상과 우리 삶의 진실이 무엇인지를 통렬하게 깨닫게 해 주는 책. 이것이 『작은 것이 아름답다』입니다.

저는 처음엔 환경 공부를 하려고 이 책을 읽었습니다. 그리고 뜻한 바를 충분히 이루었습니다. 환경문제에 대한 인식이 훨씬 높아지고 넓어지고 깊어졌지요. 하지만 거기서 끝나지 않았습니다. 다시 한 번 꼼꼼히 더 읽어 보고 나서는 단순한 환경 공부 차원을 넘어 세상과 인간을 바라보는 제 안목의 키가 훌쩍 자랐다는 느낌이 강하게 들었습니다. 특히 주류 사회가 강요하는 틀에 박힌 고정관념을 깨는 것이 얼마나 중요한 일인지를 절실히 깨달았습니다. 앎과 삶이 동시에 풍성해진 듯한, 아주 뿌듯하고 기분 좋은 경험이었지요.

우리 인류는 어떤 길을 걸어 왔는가? 그 결과 지금 우리는 어떤 상황에 놓여 있는가? 앞으로는 어떤 길을 가야 하는가? 그 과정에서 우리는 어떻게 살아야 하며 무엇을 해야 하는가? 이 책은 이런 중대한 물음들을 던지면서 나름의 답을 제시합니다. 물론 이 책에 담긴 내용을 무작정 '모범답안'이나 '만병통치약'으로 떠받들 필요는 없습니다. 하지만 적어도 이런 물음들에 대한 답을 찾는 과정에서 요긴한 '이정표' 구실은 톡톡히 해 줄 것입니다. 저의 공부와 인생에 이 책이 고마운 길잡이가 되었듯이 말입니다.

잘 알다시피 오늘날 세상을 지배하는 것은 물신주의, 성장주의, 거대주의 같은 것들입니다. 그 속에서 돈, 효율, 속도, 경쟁, 탐욕, 이기심 따위가 우리 삶을 강력하게 짓누르고 있지요. 인간과 자연과 사회가 끊임없이 모욕당하고 파괴되는 것은 그 당연한 결과입니다. 이제 이런 굴레에서 벗어나 '새로운 세상'과 '다른 삶'을 꿈꾸어야 하지 않을까요?

힘들고 더디더라도 우리가 가야 할 길은 자유와 생명과 평화의 길입니다. 아마도 우리의 주인공 슈마허가 그 길에서 충실한 안내자이자 친절한 길동무가 되어 줄 것입니다. 그런 슈마허와 친해지고 그가 쓴 『작은 것이 아름답다』에 담긴 의미와 가치를 이해하는 데 이 책이 작은 도움이라도 된다면 참 좋겠습니다.

2016년 10월
장성익

| 차례 |

■ 일러두기

이 책에 나오는 『작은 것이 아름답다』 인용문의 출처는

『작은 것이 아름답다』(E. F. 슈마허 지음, 이상호 옮김, 문예출판사, 2002)입니다.

1장

시대의 '우상'을
무너뜨린 선각자

현대 문명의 경고등,
『작은 것이 아름답다』

두 세상 이야기

서남아시아 아라비아 반도 동쪽의 페르시아 만 연안에 두바이라는 곳이 있습니다. 본래 이곳은 별달리 내세울 게 없는 고만고만한 바닷가 고장이었습니다. 그런데 이런 두바이에 1990년대 중반 무렵부터 세계에서 가장 높은 건물, 세계에서 가장 큰 인공 섬, 세계에서 가장 호화스런 호텔 같은 것들이 쑥쑥 들어서기 시작했습니다. 세계 최대 쇼핑센터, 세계 최초 해저 호텔 등도 척척 세워졌고요.

무슨 일이 있었던 걸까요? 두바이가 속한 아랍에미리트는 석유와 천연가스로 부자가 된 나라입니다. 그 와중에 두바이는 장밋빛 미래를 보장하는 초대형 건설과 개발 사업 계획을 내세워 외국의 뭉칫돈을 끌어들였습니다. 그렇게 해서 거세게 불기 시작한 돈바람과 개발

바람을 타고 탄생한 것이 방금 얘기한 거대하고도 호화찬란한 인공 구조물들입니다.

사람들은 두바이의 '깜짝 변신'에 눈이 휘둥그레졌습니다. 그러면서 '사막의 기적'이나 '꿈의 낙원' 같은 멋들어진 찬사가 두바이에 쏟아졌습니다. 하지만 그런 흥청망청하는 시절은 오래가지 못했습니다. 지난 2008년 금융위기가 온 세계를 덮쳤을 때 두바이에 투자한 외국 자본이 썰물처럼 빠져나가면서 두바이 경제는 치명적인 타격을 입었습니다. 그만큼 토대가 취약하고 건강하지 못했다는 얘기지요.

당시 두바이 곳곳에는 투자가 끊겨 공사가 중단되는 바람에 흉물스럽게 방치된 고층 건물이 수두룩했습니다. 빚을 진 외국인들이 몰래 도망가면서 버린 고급 승용차들이 국제공항 주차장에 수천 대나 버려져 있기도 했고요. 그 결과 화려하게 꾸며진 '멋진 신세계'가 알고 보니 한낱 '사막의 신기루'이자 껍데기만 그럴싸한 '모래성'일 뿐이었다는 비판을 피할 수 없었습니다.

물론 그 뒤 세월이 흐르면서 두바이 경제는 점차 기력을 되찾았습니다. 하지만 눈여겨볼 것이 있습니다. 두바이에 짙게 드리워진 어두운 그늘이 그것입니다. 무엇보다 놀라운 것은 두바이 전체 인구 가운데 외국인 비율이 무려 80퍼센트가 넘는다는 점입니다. 이들 중 대다수는 아시아와 아프리카 여러 나라에서 일자리를 구하러 온 가난한 외국인 노동자입니다. 그런데 이들의 처지는 노예와 그리 다르지 않습니다.

이들은 장시간 가혹한 노동에 시달리지만, 손에 쥘 수 있는 돈은 쥐꼬리만도 못합니다. 몇 달째 돈을 받지 못하거나, 아예 처음부터 돈을 구경조차 못하는 경우도 많지요. 일하는 곳이 사막 지역의 뙤약볕 아래인 탓에 작업 환경 또한 아주 위험하고 형편없습니다. 일사병으로 사망하는 노동자 수가 한 해에 900명이 될 때도 있었다지요.

하지만 이들은 억울한 일을 당해도 항의할 수 없습니다. 두바이에서는 노동자가 자기를 고용한 사업주에게 항의하는 행위를 불법으로 규정하고 있기 때문입니다. 더구나 이곳에는 제대로 된 언론도, 정당도, 선거도, 시민단체도 없습니다. 민주주의와 인권이라고는 찾아보기 힘든 곳이지요.

두바이의 겉모습은 휘황찬란하기 그지없습니다. 하지만 정작 그런 두바이를 만들어 내고 떠받치고 있는 것은 수많은 노동자의 땀과 피눈물로 얼룩진 '노예 노동'입니다. 약자를 극도로 학대하고 착취하는 곳이 곧 두바이라는 얘기지요. 마구잡이 개발로 극심하게 자연을 망가뜨리고 에너지와 자원을 탕진하는 곳이기도 하고요. 요컨대, 인간과 자연을 동시에 파괴함으로써만 굴러갈 수 있는 곳이 두바이인 셈입니다. 자, 여러분, 이런 '두바이의 길'이 우리에게 일깨워 주는 건 뭘까요?

다음으로 살펴볼 곳은 남미 콜롬비아 적도 부근의 사막 같은 사바나 지역에 있는 '가비오타스'라는 공동체 마을입니다. 콜롬비아는 지금은 많이 수그러들었지만 본래 전쟁과 테러, 범죄와 마약이 기승을 부리던 나라입니다. 정부군과 반군이 수십 년 동안이나 내전을 벌이는 통에 수많은 사람이 살해당하고 납치당하고 실종되는 곳으로 악명이 높았지요. 이 나라가 이렇게 된 가장 큰 이유는 빈부 격차와 부정부패가 너무 심했던 탓입니다.

이런 현실에서 새로운 대안을 찾아 나선 사람들이 일군 '희망의 땅'이 바로 가비오타스입니다. 한데 200여 명 정도의 가비오타스 사람들이 소망한 것은 서구식 물질의 풍요가 아니었습니다. 이들은 오히려 자연 속에서 평화롭고 소박하게 살고 싶어 했습니다. 경쟁에서 이기기보다는 서로 돕고 의지하며 사는 데서 행복을 찾고자 했습니다.

이들은 무엇보다, 서구 모델을 따르는 게 아니라 자기들이 뿌리내리고자 하는 곳의 풍토에 걸맞은 자기들 나름의 독자적인 사회를 세우겠다는 꿈을 품었습니다. 이들은 자기들이 삶의 터전으로 삼은 사막에 대해서도 쓸모없는 모래땅이 아니라 '다른 흙'이라고 여겼습니다.

이에 따라 이들은 지역의 환경과 조건에 잘 어울리고 자연의 질서를 거스르지 않는 갖가지 도구와 물건을 만들어 냈습니다. 적도의 바람을 에너지로 바꿔 주는 풍차, 소형 수력발전기, 아이들의 시소를 이용해 만든 효율 높은 펌프, 물속 세균을 자동으로 없애 주는 태양열 주전자, 지구 온난화의 주범인 프레온 가스를 전혀 사용하지 않는 친환경 태양열 냉장고, 태양열로 일처리를 하는 주방, 옥상 농장 등이 대표적이지요. 이들은 또한 화석연료인 석유 대신 태양 에너지를 사용했습니다. 나아가 이들은 메마른 풀로 뒤덮이고 더러운 물이 흐르던 황무지에 거대한 열대 숲도 일구어 냈습니다. 이 숲은 오늘닐 콜롬비아에서 가장 넓은 조림 지역으로 손꼽힐 정도로 울창해졌습니다.

그렇다면 이들이 살아가는 방식은 어떠할까요? 우선 여기서는 모든 사람이 자신의 뜻과 적성, 그리고 공동체의 필요에 따라 일합니다. 직업, 재산, 출신, 나이, 성별 등을 비롯해 어떤 구실로든 사람을 차별하지 않습니다. 그래서 누구나 자기가 잘할 수 있고 하고 싶은 일을 즐겁게 하면 되는 곳, 일의 종류는 다양하지만 모두가 똑같은 액수의 급여를 받는 곳이 가비오타스입니다. 물론 급여가 많지는 않습니다. 하지만 생활하는 데 별다른 어려움은 없습니다. 숙소, 음식, 교육, 의료 등을 비롯해 살아가는 데 기본적으로 필요한 것들을 모든 사람에게 무료로 제공하니까요.

또한 여기서는 누구도 남들보다 더 많이 소유하려고 애면글면하지 않습니다. 지시를 내리거나 받는 일도 없습니다. 함께 고민하고 의논하면서 더 나은 해답을 찾아 갑니다. 감옥도, 판사도, 경찰도, 교회도 없습니다. 그렇지만 범죄는 없습니다. 자물쇠도 없습니다. 그들은 문을 잠그지 않습니다. 그럴 필요가 없으니까요.

공동체를 일군 주역인 파올로 루가리라는 사람은 세상을 향해 이렇게 말합니다.

"계속 꿈꾸어야 합니다. 만약 꿈을 꾸지 않는다면 여러분은 잠들어 있는 겁니다. 진정한 위기는 자원의 부족이 아니라 상상력의 부족입니다."

어떤가요? 온갖 악조건을 딛고 참된 행복의 대안을 찾으려는 사람들이 만들어 낸 놀랍고도 아름다운 세상이 가비오타스라고 하면 지나친 말일까요? 물론 가비오타스에 대한 평가는 다양할 것입니다. 하지만 이곳이 오늘날 세상을 지배하는 돈벌이와 경쟁 논리에서 벗어나, 자연과 어깨동무하면서 깊은 자유와 평화를 누리며 살고자 하는 사람들이 이루어 낸 새로운 사회라는 건 부인하기 힘듭니다. 자 여러분, 이런 '가비오타스의 길'이 우리에게 알려 주는 건 뭘까요?

낯선 이름, 슈마허

두바이와 가비오타스.

뚜렷한 대조를 이루는 이 두 곳이 던지는 메시지를 어떻게 간추릴 수 있을까요? 혹시 두바이는 경제성장, 개발, 물질의 풍요 등을 지상 목표로 삼아 거칠게 직진으로만 내달리는 지금의 주류 세상이 드리우는 어둡고도 불길한 '그늘'이라고 할 수 있지 않을까요? 그리고 가비오타스는 이런 흐름에 맞서 인간적인 연대와 협동, 지속 가능한 문명과 삶, 자연과의 조화 등을 핵심 원리로 삼는 새로운 대안 사회의 '실험'이라고 할 수 있지 않을까요?

달리 표현하면 이런 식으로 얘기할 수도 있겠지요. 두바이를 이끄는 것이 크고 높고 빠른 것에 대한 끝없는 욕망이라면, 가비오타스를 움직이는 건 작고 낮고 느린 것을 소중히 여기는 마음이라고 말입니다.

그리고 이제 여기, 이 책의 주인공 에른스트 프리드리히 슈마허(E. F. Schumacher)라는 사람이 있습니다. 아마도 낯선 이름일 듯싶습니다. 교과서나 참고서에 나오는 사람도 아니고, 세상에 널리 알려진 유명 인사라 하기도 어려우니까요. 하지만 그가 역사에 굵직하게 아로새겨 놓은 발자취는 만만치 않습니다.

1911년에 태어나 1977년에 사망한 독일 태생의 영국 경제학자인 그가 남긴 말과 글은, 그리고 그가 몸소 행동으로 보여 준 사상과 이론은 수많은 현대인에게 기존 상식과 고정관념을 뒤엎는 통렬한 깨달음을 안겨 주었습니다. 뿐만 아니라 그는 실질적인 대안까지 제시함으로써 인류에게 새로운 희망의 길을 보여 주었습니다. 앞의 얘기와 잇대어 말하자면, 우리 인류가 가고 있는 길이 '두바이의 길'이라는 것을 선구적으로 꿰뚫어 본 사람이 슈마허라고 할 수 있지요. 나아가, 그 길이 이 세상과 우리 삶을 돌이키기 어려운 파국으로 몰아넣으리라는 사실을 누구보다 앞장서 예언하고 경고한 사람이 슈마허라고 할 수도 있고요.

그러니 뒤집어 말하면 '가비오타스의 길'에 담긴 꿈과 희망을 실천으로 옮기는 것이 우리가 해야 할 일이라고 일찍부터 호소한 사람이 슈마허라고 할 수 있습니다. 곧, 연대와 협동의 인간관계, 지속 가능한 사회경제 시스템과 과학기술, 자연 파괴와 에너지 낭비를 일삼지 않는 생태적 생활방식 등이야말로 이 지구와 인류가 참된 평화와 안녕을 이룰 수 있는 '열쇠'라는 것이 슈마허 주장의 고갱이라는 얘깁니다.

슈마허와 그의 대표작 『작은 것이 아름답다』 초판(하드 커버) 표지

　이런 슈마허가 남긴 가장 걸출한 업적이 바로 『작은 것이 아름답다 *Small is Beautiful*』라는 책입니다. 1973년에 나온 이 책으로 말미암아 '작은 것이 아름답다'라는 단순명료한 한마디는 그 뒤 전 세계 생태주의의 가장 강력하고도 매력적인 깃발로 펄럭이게 되었습니다.

　이 책은 한마디로, 현대 산업사회의 급소를 찌르는 날카로운 혜안과 그동안의 주류 경제학을 뒤엎는 창조적 대안을 명쾌하게 보여 주고 있습니다. 한편으로 이 책은 사람과 자연을 모두 위태로운 벼랑 끝으로 몰아가는 성장 일변도의 자본주의 산업문명과 기술주의 사회를 근원적으로 비판하고 성찰합니다. 아울러 '작은 것'과 인간의 가치를 중심으로 새로운 대안 경제와 과학기술에 대한 구상을 제시합니다.

'현실 진단'과 '미래 대안의 제시'가 두 개의 핵심 기둥을 이루는 셈이지요.

그렇습니다. 『작은 것이 아름답다』는 지금의 세상과 우리 삶의 '뿌리'를 파헤치는 동시에, 지배적 질서와 논리를 넘어서기 위한 이론과 실천 양면에서의 전망을 펼쳐 보이고 있는 생태 담론의 기념비적인 저서라고 할 수 있습니다.

'작은 것'의 큰 힘

"환경 문제는 환경 문제가 아니고 환경운동은 환경운동이 아니다."라는 유명한 말이 있습니다. 간단한 예를 들어 볼까요? 사람들이 싫어하는 쓰레기 매립장이나 소각장, 한번 사고가 터지면 재앙을 피할 수 없는 원자력 발전소 같은 위험 시설은 어디에 들어설까요? 대개 가난하고 힘없는 사람들이 사는 곳입니다. 또 이를테면 지구 온난화는 누가 일으켰고, 피해는 누구에게 돌아갈까요? 온난화의 주범은 온실가스를 펑펑 내뿜으며 산업화와 물질의 풍요를 먼저 이룩한 서구 선진국들입니다. 하지만 온난화 탓에 가장 큰 피해를 보는 것은 온실가스를 거의 배출하지 않았던 가난하고 힘없는 나라들입니다. 지구 온난화로 바닷물 수위가 올라가는 바람에 국토가 바다에 잠기고 있는 남태평양의 작은 섬나라들이 대표적이지요.

이처럼 환경 문제를 둘러싸고 벌어지는 현실은 대체로 정의롭지 않습니다. 공평하지 않습니다. 민주주의에도 어긋납니다. 일반적으로 환경 파괴가 일으키는 피해와 고통은 가난하고 힘없는 쪽으로 쏠립니다. 반면에 환경 보전이 선사하는 혜택과 이득은 그 반대쪽으로 돌아가기 마련입니다. 이처럼 환경 문제에도 사람 사는 세상의 모순과 부조리가 그대로 녹아들어 있습니다. 그래서 환경 문제를 제대로 이해하려면 사람 문제, 사회 문제와 연결 짓고 이들 문제를 통합적으로 이해할 줄 아는 안목을 반드시 갖추어야 합니다.

환경 위기는 단순히 물이나 땅, 공기 같은 주변의 자연 생태계가 오염됐다는 차원에서 끝나는 게 아닙니다. 환경이 파괴된다는 것은 인간과 사회가 파괴된다는 뜻이기도 합니다. 뒤집어 말하면, 환경을 살리는 것은 단순히 자연을 보전하는 데서 그치는 게 아니라 인간과 사회, 곧 이 세상과 우리 삶을 살리는 일이기도 하다는 거지요. 환경 문제는 환경 문제가 아니며 환경운동은 환경운동이 아니라고 하는 까닭이 여기에 있습니다. 이처럼 자연 보전 차원을 넘어 관계성, 순환성, 다양성, 지속 가능성 등과 같은 생태적 원리와 가치를 바탕으로 이 세상과 사람들의 삶을 바꾸고 새롭게 재구성하자는 게 바로 생태주의입니다.

돌이켜 보면 환경 문제에 대한 인식을 이렇게 보다 깊고 높은 단계로 끌어올리는 데 결정적인 이바지를 한 것이 바로 슈마허와 『작은 것이 아름답다』입니다. 환경 문제의 원인과 역사, 구조와 맥락을 뿌리에서부터 밝히고 있기 때문입니다. 특히 『작은 것이 아름답다』 덕분에 환경 문제가 지금의 산업사회가 매달려 온 경제발전 논리와 떼려야 뗄 수 없는 관계로 얽혀 있다는 확고한 인식이 자리 잡을 수 있었습니다. 미국 시사 잡지 『타임』이 제2차 세계대전 이후 인류에게 가장 큰 영향을 미친 100권의 책을 뽑을 때 이 책을 흔쾌히 포함시킨 데에는 다 그럴 만한 근거가 있었던 거지요.

자, 그럼, 이 책이 나온 1973년을 전후한 때는 어떤 시기였을까요? 이때는 세계적으로 환경 문제에 대한 위기의식이 바야흐로 싹트기 시작하던 시절이었습니다. 거슬러 올라가면 1962년에 나온 레이첼 카슨*의 명저 『침묵의 봄』이 살충제 같은 화학물질이 일으키는 환경 문제가 얼마나 심각한지를 충격적으로 일깨웠었지요. 이어 1972년 국제 연구단체인 로마클럽이 펴낸 환경 보고서 「성장의 한계」는 무분별한 산업화가 낳을 지구 자원의 고갈을 경고했습니다. 유엔이 6월 5일을 '세계 환경의 날'로 선포한 것도, 스웨덴 스톡홀름에서 열린 유엔 인간환경회의에서 "환경 파괴가 더 심해진다면 인류의 파멸을 피할 수 없을 것"이라며 '인간환경선언'을 채택한 것도 1972년의 일입니다.

■ 레이첼 카슨(Rachel L.Carson, 1907~1964)
미국의 해양생물학자이자 대중을 위한 과학책을 쓴 작가로. 미국의 『타임』지가 선정한 20세기를 변화시킨 인물 100명 중 한 명이다. 1962년 그녀는 『침묵의 봄』을 통해 DDT 등 살충제 사용의 확산이 자연환경과 인간에게 심각한 위험이 된다는 사실을 알리고, 자연에 대한 인간의 시각을 바꿀 것을 촉구하였다. 이 외에 해양 자연사를 다룬 『바닷바람을 맞으며』, 『우리를 둘러싼 바다』 등의 책이 있다.

더구나 1973~74년은 이른바 제1차 석유 파동이 일어난 때이기도 합니다. 석유 파동이란 당시 아랍 지역 석유 생산국들이 석유 수출량을 줄이는 바람에 세계 경제가 큰 위기와 혼란에 빠진 일을 말합니다. 이런 일이 벌어진 것은 그 무렵 역사적으로 오랜 앙숙 관계인 아랍 여러 나라와 이스라엘 사이에 전쟁이 터졌기 때문입니다. 그 전쟁을 계기로 아랍 국가들이 석유를 일종의 무기로 삼은 거지요. 세계 사람들은 석유 파동을 겪으면서 석유가 세계 경제와 국제 정세 전반에 얼마나 큰 영향을 끼칠 수 있는지를 충격적으로 깨달았습니다.

당시 환경 문제나 자원 문제에 대한 인식이 세계적으로 높아지게 된 데에는 이런 시대적 배경이 깔려 있습니다. 말하자면, 성장과 번영의 탄탄대로를 내달릴 것 같았던 이 '지구호'에 '어? 뭔가 불길한 일이 벌어지고 있구나.' 하는 근원적인 의구심이 시나브로 일기 시작한 때가 『작은 것이 아름답다』의 출간 시점 전후라고 볼 수 있다는 얘깁니다.

이런 상황에서 환경 위기로 집약되는 인류 존속에 관련된 중대 문제를 가장 근본적이고 단호하게 파헤친 사람이 바로 슈마허였습니다. 『작은 것이 아름답다』에 담긴 슈마허의 메시지는 당시의 시대정신을 사로잡는 힘과 매력이 있었습니다. 그래서 이 지구와 인류의 앞날을 고민하는 사람들에게 신선한 충격과 각성을 안겨 주었습니다.

그 가운데 한 사람이 1970년대 후반에 미국 대통령을 지낸 지미 카터* 입니다. 카터는 슈마허를 백악관으로 초청하여 몇 시간 동안이나 그의 말을 주의 깊게 경청했습니다. 그 뒤 카터는 여러 분야 전문가들을 모아 '대통령 지구환경 보고서'를 작성하도록 했습니다. 뿐만 아니라 제2차 석유 파동이 일어난 이듬해인 1979년에는 환경 문제와 에너지 위기에 대응하는 상징적 조치로서 백악관 지붕에 태양광 발전기를 설치하기도 했지요. 하지만 그 태양광 발전기는 지금은 찾아볼 수 없습니다. 카터 이후 대통령이 된 사람이 없애 버리고 말았거든요.

『작은 것이 아름답다』는 아주 큰 힘을 발휘했습니다. 특히 성장과 경제, 과학기술 등을 둘러싼 현대인의 상투적인 고정관념을 뒤바꾸는 구실을 톡톡히 했지요. 그래서 이 책을 단지 환경 분야의 울타리 안에만 가두는 것은 온당치 못합니다. 이 책이 '위대한 환경 고전'으로 손꼽히는 것은 그것대로 당연한 일이라고 하더라도 말입니다. 방금 말했듯이, 좁은 뜻의 '환경 문제'에 대한 논의를 넘어 현대 산업주의 사회의 '뿌리'를 파헤치고 앞으로 인류가 가야 할 길을 일깨워 준 것이 이 책이기 때문입니다.

『작은 것이 아름답다』에는 '인문적 지혜'도 듬뿍 담겨 있습니다. 현대 물질문명의 자기 파괴적인 성장과 기술 논리를 이겨 낼 수 있는

■ 지미 카터(Jimmy Carter, 1924~)
미국의 제39대(1977~81년) 대통령을 지낸 인물이다. 재임 기간 중에는 실업, 석유 파동 등 경제 문제 해결의 실패 등으로 무능한 정치인으로 낙인찍히기도 하였으나, 퇴임 후 카터 재단을 설립해 전 세계 민주주의, 인권 개선과 환경 문제, 국제분쟁 해결에 적극 나섬으로써, 존경받는 전임 대통령이 되었다.

힘의 원천이 '참된 인간'과 그런 인간을 기르는 인문학에 있다는 슈마허의 굳은 신념이 자못 돋보이는 게 이 책입니다. 결국 이렇게 보면, 『작은 것이 아름답다』는 환경 고전이자 경제 비평서일 뿐만 아니라, 문명과 인간에 관한 사유가 드넓게 펼쳐지는 문명 담론서이자 인문서이기도 한 셈입니다.

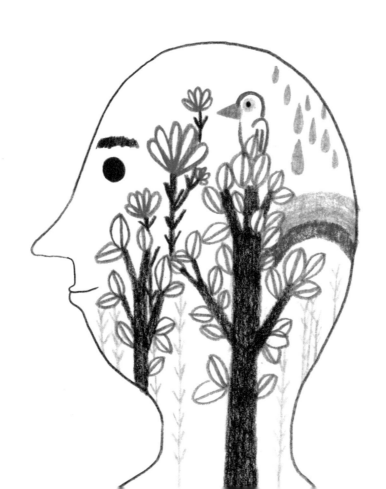

옳은 일을 하지 않는 것은
나쁜 일을 하는 것과 같다

지적 여정이 알려 준 것

그럼 이제, 슈마허가 어떤 사람인지에 대해서도 좀 더 상세히 살펴보지요.

슈마허는 1911년 독일 본에서 태어났지만, 생애 대부분은 영국에서 보냈습니다. 그가 경제학을 공부하게 된 가장 중요한 계기는 제1차 세계대전(1914~1918)이었습니다. 독일이 주요 참전국이었고 결국은 패전국이 된 이 전쟁 탓에 엉망진창이 되어 버린 독일 경제의 비참한 현실을 직접 겪으면서 경제의 중요성에 눈을 떴지요. 특히 1929년 미국에서 시작돼 온 세계 경제를 극심한 고통과 혼란으로 몰아넣은 대공황*은 슈마허에게 경제 문제에 대한 더욱 각별한 관심을 불러일으켰습니다.

그러던 중이던 1930년대 초중반에 걸쳐 독일에서는 그 악명 높은 아돌프 히틀러와 나치당이 선거에서 승리를 거두고 대중들의 뜨거운 지지를 받게 됩니다. 이런 어처구니없는 모습을 지켜보면서 슈마허는 독일 민주주의가 파괴되는 것은 물론 또 다른 세계대전이 터지리라는 것을 직감했습니다. 깊은 고민 끝에 그는 독일을 떠나기로 결정합니다. 영국 대학에서 공부하게 된 것은 그 결과지요. 그러면서 슈마허는 영국 국적을 얻게 됩니다.

그는 공부하면서 나라 사이의 경제적 불평등을 없애지 않으면 세계 평화를 이룰 수 없다는 생각에 이르렀습니다. 여기에 큰 영향을 미친 것이 제2차 세계대전(1939~1945)이 벌어지던 와중에 만난 마르크스주의입니다. 마르크스주의란 마르크스와 엥겔스라는 사람이 만든 혁명적이고 과학적인 사회주의 이론과 사상을 말합니다. 크게 변증법적 유물론, 사적 유물론, 정치경제학의 세 부분으로 이루어져 있고, 노동자를 착취하는 자본주의 사회를 극복하려면 이른바 프롤레타리아

사회로 나아가야 한다는 게 핵심 주장이지요.

슈마허가 이런 사상을 만나게 된 데에는 사연이 있습니다. 슈마허는 영국에서 세 달가량 강제 수용소에 갇히는 수난을 당한 적이 있습니다. 제2차 세계대전에서 독일과 영국은 서로 적으로 맞서 싸웠습니다. 영국 정부 입장에서는 슈마허가 적국인 독일 출신이기에 그런 조치를 취한 거지요. 그런데 이 수용소에서 슈마허는 어느 마르크스주의자를 만나게 됩니다. 이것이 그가 마르크스주의에 빠져들게 된 계기였습니다. 마르크스주의를 공부하면서 슈마허는, 경제란 그 자체로서 결코 목적이 될 수 없으며, 경제학 또한 보다 좋은 세상과 더 나은 삶을 위한 수단에 지나지 않는다는 믿음을 더욱 가다듬었습니다.

수용소에서 풀려나 시골 농장에서 잠깐 일하기도 했던 슈마허는 전쟁이 끝난 뒤인 1950년부터 영국 정부의 배려로 국립 석탄위원회의 경제 자문가로 일하기 시작합니다. 1970년까지 20년 동안 이 일을 계속하면서 슈마허는 영국 경제를 발전시키고 진보적으로 개혁하는

■ 대공황(大恐慌, Great Depression)
1929년의 대공황(Depression of 1929) 또는 1929년의 슬럼프(Slump of 1929)라고도 한다. 1929년 뉴욕 월가(街)의 주가 대폭락으로 촉발된 가장 전형적인 세계공황으로, 1939년까지 세계 거의 모든 자본주의 국가들이 타격을 입었다. 기업도산이 속출하였고, 미국 노동자의 1/4, 유럽의 수백만 노동자가 일자리를 잃었다. 경제 불황은 단순히 경제 영역에만 영향을 끼친 것이 아니라 정치 영역으로 확산되어 극단 세력이 늘어나고 자유 민주주의는 급격히 위축되었다.

데 큰 구실을 했다는 평가를 받지요. 주목할 것은 1950년대 초반에 슈마허가 영국에서 가장 큰 유기농 단체였던 '토양협회'와도 관계를 맺었다는 점입니다. 이를 계기로 슈마허는 화석연료와 에너지 문제, 대규모 화학농법으로 망가지는 토양 문제 등을 비롯한 환경 문제 전반에 눈을 뜨게 됩니다.

이처럼 경제학과 생태주의의 만남이 이루어지면서 슈마허는 서서히 마르크스주의에서 벗어나 산업주의 체제 자체를 깊이 성찰하는 단계로 나아갑니다. 자본주의든 사회주의든 상관없이 끝없는 경제 성장과 산업 발전을 추구하는 산업주의 시스템은 본질적으로 폭력적이며, 그 결과 자연은 물론 인간마저도 파괴할 수밖에 없다는 깨달음에 이르게 된 거지요.

산업사회에 대한 슈마허의 이런 통찰은 1954년 동남아시아의 가난한 불교 국가인 버마(지금의 미얀마)를 방문하면서 새로운 전환점을 맞이합니다. 당시 버마 정부가 그를 초청한 것은 자기들이 가난과 저개발 상태에서 벗어나려면 영국 같은 이른바 선진 산업국 경제학자의 도움이 필요했기 때문입니다. 그런데 역설적으로 슈마허는 그곳에서 오히려 물질주의로 치닫는 서구문명의 한계와 모순을 더욱 절실히 깨달았습니다. 뿐만 아니라 그런 서구의 문제를 해결할 대안으로 '불교 경제학'을 제시하게 됩니다.

그는 버마 사람들이 가난하면서도 안정되고 평화로운 삶을 누리는 비결이 궁금했습니다. 면밀한 관찰과 탐구 끝에 도달한 결론이 불교

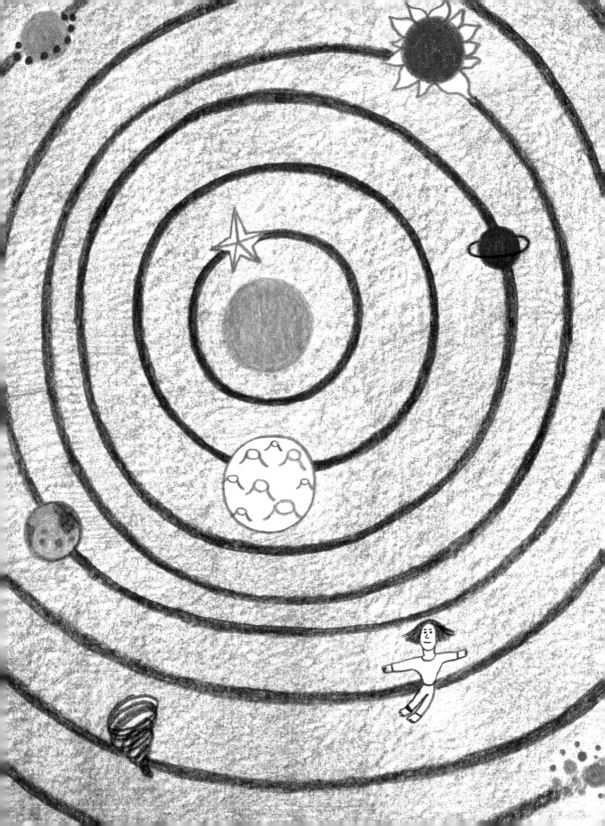

경제학이었습니다. 즉, 버마 사람들은 불교적 가치관에 따라 작게 욕망하는 덕분에 오히려 더 큰 행복과 만족을 얻고 있었던 거지요. 슈마허는 버마 사람들의 그런 모습에서 경제의 참된 목적은 물질의 풍요나 번영이 아니라 마음의 평화와 영혼의 안식이라는 사실을 새롭게 깨쳤습니다. 마르크스주의를 바탕으로 서구식 사회 진보와 현실 변혁을 추구했던 사람이 동양의 영적 세계를 받아들이게 된 겁니다. 그는 이렇게 말했습니다.

경제 성장이 물질의 풍요를 약속한다고 해도 환경 파괴와 인간성 파괴라는 극복하기 힘든 부산물을 낳는다면 미래는 결코 우리를 행복으로 이끌지 못할 것이다. 이제 인간 중심의 경제가 절실히 요구된다. 인간은 우주의 한 작은 존재다. 작은 것은 아름답다. 거대함만을 추구하는 것은 자기 파괴로 치닫는 행위다. 따라서 경제학이 지금 맞닥뜨리고 있는 과제는 성장이 아니라 인간성 회복이다.

'성장 신화'를 맹신하는 주류 경제학에 대한 슈마허의 비판은 이제 현대 과학기술 전반에 대한 성찰로, 나아가 대안적인 기술 연구로 더욱 깊어지게 됩니다. 결정적인 계기는 1964년의 인도 방문이었습니다. 거기서 슈마허는 서구식 경제개발과 산업화는 극소수 사람에게만 달콤한 열매를 안겨 줄 뿐 대다수 민중은 그에 따른 고통을 피할 수 없다는 사실을 새삼 확인했습니다.

그가 인도에서 생생하게 목격한 현실은 이를테면 이런 것이었습니다. 자연에 기대어 살던 가난한 사람들은 개발과 성장이 일으키는 환경 파괴로 큰 고통을 겪고 있었습니다. 먹거리를 비롯해 생활에 필요한 것들을 갈수록 자연에서 구하기 어려워졌으니까요. 전국의 수많은 장인 또한 대량생산된 값싼 물건이 쏟아져 나오는 바람에 일자리를 잃고 있었습니다. 도시 노동자들은 기계가 주인 노릇 하는 공장에서 비인간적인 노동에 시달리고 있었고요. 중요한 것은 이 모두 현대 기술사회가 낳은 문제들이라는 사실입니다.

슈마허 이론의 뼈대 가운데 하나인 '중간기술' 아이디어가 나오는 것도 이 대목에서입니다. 즉, 서구식 대량생산이나 발전 방식을 그대로 따르는 게 아니라 환경, 자원, 문화 등을 비롯해 각 지역 고유의 조건과 사정에 맞는 생산 방식을 개발하는 게 중요하며, 여기에 필요한 것이 바로 중간기술이라는 거지요. 슈마허는 이후 이 중간기술을 보다 많은 사람에게 알려 가난한 사람들의 삶을 개선하려고 세계 곳곳을 누비게 됩니다.

"바보나 로봇, 통근자로 살고 싶지 않다"

슈마허의 삶의 여정은 좀 더 깊은 차원에서 보면 인간과 우주의 본질을 끊임없이 탐색하는 일종의 '영혼의 순례'이기도 했습니다. 남다른 감수성과 비범한 지적 재능을 바탕으로 보다 높은 깨달음을 평생 갈구했던 이 순례자는 결국 노년에 이르러 새로운 종교적 각성을 경험하면서 신의 품으로 돌아옵니다. 1971년, 나이 육십에 이르러 가톨릭(천주교) 신자가 된 겁니다.

그러니까 되짚어 보면, 젊은 시절 무신론을 바탕으로 하는 마르크스주의에서 중년에는 불교로, 다시 노년에는 기독교로 끊임없는 변화의 길을 걸은 셈이지요. 하지만 이 각각의 단계는 서로 단절되거나 대립하는 게 아니었습니다. 서로가 서로를 밀어 주고 끌어 주면서, 그렇게 다음 단계가 이전 단계를 품고 껴안으면서, 더욱 풍성하고도 성숙한 앎의 세계와 깨달음의 경지로 나아갔습니다.

그래서일까요? 슈마허는 말년에 접어들어 '인간의 위대함'과 '좋은 삶'을 각별히 강조했습니다. 또 그것을 이루기 위한 '노동'과 '교육' 문제를 탐구하는 데 몰두했습니다. 그의 또 다른 저서 『굿 워크』를 옮긴 박혜영 교수가 표현했듯이 "불안이 아닌 기쁨이 삶의 본질이 되고 고통이 아닌 활력이 노동의 본질이 될 때" '좋은 삶'은 이루어지리라는 게 그의 한결같은 생각이었지요. 그리고 그런 '좋은 삶'에 이르려면 이른바 '근대의 무지'에서 벗어나 '오래된 지혜'를 추구하는 교육이 중요하다고 그는 믿었습니다. 노동과 교육을 통합적으로 아우르면서 펼쳐 보이는 삶과 인간에 대한 그의 논의에는, '슈마허의 인간학' 또는 '슈마허의 인간론'이라 부름 직한 소중한 통찰과 지혜가 담겨 있습니다. 그는 이런 인간의 위대함을 이루는 데 꼭 필요한 '자유를 향한 갈망'을 담아 자기가 살고 싶은 삶을 이렇게 털어놓았습니다.

나는 아무 의미도 없는 치열한 경쟁에 뛰어들고 싶지 않다. 나는
기계와 관료제의 노예가 되어 권태롭고 추악하게 살고 싶지 않
다. 나는 바보나 로봇, 통근자로 살고 싶지 않다. 나는 누군가의
일부로 살고 싶지 않다. 나는 내 일을 하고 싶다. 나는 좀 더 소박
하게 살고 싶다. 나는 가면이 아니라 진짜 인간을 상대하고 싶다.
내겐 사람, 자연, 아름답고 전일적인 세상이 중요하다. 나는 누군
가를 돌볼 수 있는 사람이 되고 싶다.

『작은 것이 아름답다』가 세상에 나온 1973년 이후 슈마허는 이전
보다 훨씬 바빠졌습니다. 그의 얘기를 직접 듣고 싶어 히는 세계 곳곳
의 대학, 연구소, 학회 같은 곳들로부터 강연이나 면담 요청이 물밀듯
이 쏟아졌지요. 뜨거운 열정의 소유자였던 그는 먼 곳이든 가까운 곳
이든 가리지 않고 세계 곳곳으로 강연 여행을 다녔습니다.

아, 하지만 심장에 큰 지병을 안고 있던 쇠약한 노인의 몸에 그런
강행군은 아무래도 무리였나 봅니다. 그는 결국 1977년 9월 어느 날
스위스에서 기차를 타고 가다가 갑자기 쓰러졌고, 다시는 일어나지 못
했습니다. 심장마비로 인한 급작스런 죽음이었지요. 그의 나이 66살
때였습니다. 그는 그렇게 이 지상에서의 길고도 짧은 삶을 마감했습
니다.

그런데 그가 쓰러지던 바로 그날 그 시각, 영국 남부 시골에 있던 그의 집에서는 희한한 일이 일어났다고 전해집니다. 손댄 사람이 아무도 없는데 돌연 부엌 찬장에 놓여 있던 찻잔 하나가 바닥으로 떨어져 산산조각이 난 겁니다. 슈마허가 평소 즐겨 쓰던 찻잔이었다지요. 네? '믿거나 말거나' 식의 허무맹랑한 소리라고요? 물론 그렇게 여길 수도 있겠지요. 하지만 이 이야기는 그냥 일반 사람들 사이에 떠돌아다니는 뜬소문 같은 게 아닙니다. 그의 딸이 펴낸 슈마허 전기에 공식적으로 기록돼 있는 내용입니다. 아무렴, 사실인지 아닌지를 따지는 게 중요한 건 아니겠지요. 슈마허의 예기치 못한 죽음이 그만큼 슬프고 안타까운 일이었다는 걸 이런 이야기로 미루어 짐작하는 것으로 충분할 테니까요.

진리를 향한 영혼의 순례

"난 조국이 없는 놈일세." 일찍이 슈마허가 친구에게 서글픈 표정으로 털어놓은 말입니다. 그렇습니다. 그를 잘 아는 친구들은 그가 평생 떠돌이 같은 사람으로 살았다고 회고합니다.

앞에서 그가 영국에 갔을 때 수용소에 갇히는 고초를 겪었다는 얘기를 했습니다. 한데 그는 태어난 곳인 독일에서도 차가운 대접을 받았습니다. 그가 영국으로 간 것은 히틀러 파시즘 정권의 등장 탓이었습니다. 민주주의를 짓밟고 전쟁을 일으키는 독재 권력에 협력하는 것은 그의 양심에 어긋나는 일이었으니까요. 그럼에도 정작 독일의 많은 친구와 친지는 귀화해서 영국인이 된 그를 비겁한 배신자로 취급했습니다. 위기에 빠진 조국을 등지고 도망쳤다는 이유에서였지요.

그의 마음이 얼마나 아팠을까요? 영국에서나 독일에서나 사랑하는 아내 또한 똑같은 냉대를 받았으니, 그 마음이 더욱 쓰라렸겠지요. 독재 권력과 제국주의 강대국들이 자기들 욕심과 이해관계에 따라 일으킨 전쟁의 희생양. 그런 불의한 전쟁이 낳은 슬픈 비극. 슈마허가 겪은 설움의 실체는 이런 것이었습니다.

그는 1950년 이후 고정된 일자리를 얻으면서 영국에 정착했습니다. 그러나 그 뒤에도 전 세계를 돌아다니는 그의 생활 방식은 크게 바뀌지 않았습니다. 그는 편안하게 골방에서 책이나 읽고 펜대나 굴리는 책상물림이 아니었습니다. 특히 그는 추상적 이론이나 관념적 이상만 떠벌리는 걸 무척 싫어했습니다. 이론이나 이상을 현실에서 이룰 수 있는 구체적 방도를 찾는 일을 늘 게을리 하지 않는 열정적인 실천가였지요.

"1온스(약 30그램)의 실천이 1톤의 이론만큼 값어치가 있다."라는 게 그의 삶의 지침이었습니다. 그는 또 이렇게도 말했습니다.

"서 있는 자리에서부터 시작해야 한다. 옳은 일이라고 생각되면 바로 하는 게 좋다. 옳은 일을 하지 않는다는 건 곧 나쁜 일을 한다는 뜻이기 때문이다."

그렇게 앎과 삶이 일치했던 사람이 슈마허입니다. 그가 웅덩이에 고인 물이 아니라 늘 새롭게 흐르는 강물처럼 끊임없이 스스로 진화할 수 있었던 것도 이와 연관이 있습니다. 그의 지적 여정은 경제학에서 과학기술을 거쳐 궁극적으로는 인간과 신의 문제로까지 나아갔습니다. 또한 이 과정은 마르크스주의에서 첫 걸음을 뗐지만 그 뒤 불교를 받아들이고 종국에는 기독교에 이르는, 자유와 진리와 구원의 길을 찾아가는 영혼의 순례와도 맞물려 있습니다.

이것이 가능했던 이유는 그의 공부와 활동이 살아 움직이는 현실을 토대로 하여 이루어졌기 때문입니다. 늘 생동하는 현실과 부대끼면서, 그리고 그 현실을 바꾸고자 하는 실천 속에서, 쉼 없이 더 높은 단계로 나아갈 수 있는 에너지와 지혜를 길어 올린 것이 그의 인생길이었습니다.

슈마허는 대안 경제학자이기도 하고, 녹색 사상가이자 철학자이기도 하고, 환경운동가이기도 합니다. 이론가이기도 하고 실천가이기도 합니다. 하지만 그를 무엇이라 부르든 그의 평생에 걸친 관심사는 한결같았습니다. 서구식 산업사회에서 병들고 시들어 가는 우리 같은 보통 사람들이 어떻게 하면 참된 행복을 누리며 잘살 수 있을지, 그리고 지속 가능하고도 정의로운 세상을 만들려면 무엇을 어떻게 해야 할지가 그것입니다.

그가 발표한 수많은 글 가운데 알짜배기만을 모은 대표작 『작은 것이 아름답다』는 물론이고, 그의 다른 저서에서도 이 점을 또렷이 확인할 수 있습니다. 미국에서 다양한 주제로 강연했던 내용을 묶어 펴낸 『굿 워크』, 인간과 신에 관한 철학적 사색이 담긴 『당혹한 이들을 위한 안내서』, 『작은 것이 아름답다』의 속편 격인 『내가 믿는 세상』 등이 그런 책들이지요.

고정관념을 넘어 '다르게' 보기

두말할 나위도 없이 슈마허의 견해가 유일한 '모범답안'은 아닐 것입니다. 그는 자기가 배우고 깨닫고 느끼고 경험한 것을 나름대로 갈무리하여 실천에 옮겼습니다. 또 절박한 심정으로 세상을 향해 발언했습니다. 그런데 그것은 곧 시대와의 불화를 뜻했습니다. 세상을 지배하는 고정관념과 시대가 떠받들고 있는 '우상'을 무너뜨리는 것이 그가 하고자 한 일이었으니까요.

슈마허는 세상과 삶을 바라보는 하나의 선명하고도 근원적인 잣대를 제공해 줍니다. 그의 이야기를 무작정 따르거나 덮어 놓고 내치는 것은 둘 다 지혜로운 태도가 아니지요. 중요한 것은 그의 이야기를 실마리나 지렛대로 삼아 여러분 자신의 생각을 찬찬히 정리하는 일입니다.

자신의 의식과 마음 깊숙이 배어 있는 기존의 상투적인 생각들을 되살펴 보는 것, 그럼으로써 세상을 바라보는 비판적 안목과 새로운 상상력을 키우는 것이 우리가 해야 할 일입니다. '다르게' 볼 줄 아는 이런 지적 훈련이 쌓여야 비로소 제대로 된 앎의 키가 자라고 삶의 지평 또한 넓어질 수 있습니다.

그럼, 이제부터 이런 마음가짐으로 슈마허가 안내하는 책의 세계로 좀 더 깊숙이 들어가 보겠습니다.

2장

우리가 사는 세상

목적과 수단이
뒤바뀐 경제

한 명도 빠짐없이 회계학을 배우라고?

최근 우리나라 어느 대학에서 회계학을 교양 필수 과목으로 지정한 적이 있습니다. 이 학교에 다니는 학생이라면 한 명도 빠짐없이 의무적으로 회계학 수업을 듣도록 한 것이지요. 회계학이란 기업의 여러 가지 돈 계산 방법과 기술을 연구하는 학문입니다. 그러니까 이 대학에서는 시인이나 소설가를 꿈꾸는 사람이든, 음악과 미술에 인생을 걸고자 하는 사람이든, 흙으로 돌아가 농사를 짓고자 하는 사람이든, 누구나 꼼짝없이 기업의 돈 계산과 관련된 '숫자 공부'에 시달릴 수밖에 없게 된 거지요.

이는 어느 재벌 기업이 이 대학을 사들인 직후에 벌어진 일입니다. 대학 운영을 쥐락펴락하는 이사장을 맡은 이 기업 회장은 언론과의

인터뷰에서 이렇게 말했습니다. "지금의 대학 교양 과목들은 필요 없다고 본다. 기업인들에게 '우리 대학 애들 뽑아 놓으니 숫자는 좀 알더라'는 평가를 받는 게 내 목표다."

요즘 많은 대학이 기업의 돈벌이 논리에 지나치게 휘둘리고 있다는 얘기는 여러분도 들어서 알고 있을 듯합니다. 그 바람에 대학이 갈수록 '학문의 전당'이 아니라 기업 '입맛'에 맞는 노동력을 길러 내는 취업 준비기관 비슷한 곳으로 바뀌어 가고 있지요. 회계학을 전교생의 교양 필수 과목으로 강요하는 대학이 생겨난 것 또한 이런 흐름의 결과입니다. 문제의 이 대학에서는 재벌 회장인 이사장이 자신을 비판하는 교수들에게 마치 못된 사장이 제 맘대로 직원을 해고하듯이 "목을 쳐 버리겠다."는 막말을 퍼붓기도 합니다. 최대한 돈 많이 버는 것을 가장 중요한 목표로 삼는 기업의 운영 논리와 방식을, 기업과는 성격이나 존재 이유가 전혀 다른 대학에 그대로 적용하려는 거지요.

얘기가 잠깐 옆으로 샜네요. 자, 지금 이야기에서 주목할 것은 '숫자를 아는' 학생을 만드는 것이 대학 교육의 목표라는 대목입니다. 숫자를 안다? 이게 대체 무슨 뜻일까요? 저 문제의 재벌 회장이 대학 교육을 얘기하면서 '숫자'를 콕 집어 저렇게 강조한 이유는 뭘까요?

자본주의 경제에서 숫자란

열쇠는 경제와 숫자 사이의 관계에 있습니다. 지금의 주류 경제는 숫자를 아주 중요히게 여깁니다. 아니, 숫자는 지금 세계를 지배하는 자본주의 경제와 현대 산업사회의 '상징'이라고 해도 지나친 말이 아닙니다. 경제성장률, 국민총생산(GNP), 1인당 국민소득, 주가지수, 무역 액수, 환율 따위로 표현되는 각종 통계 숫자들이 대표적이지요.

예를 들어, 경제성장률 ○퍼센트, 1인당 국민소득 ○만 달러 같은 것을 달성하는 게 한 나라의 경제 목표로는 물론 아예 나라 정책의 최고 목표로까지 제시되는 경우도 드물지 않습니다. 그래서 경제성장률이 떨어지면 마치 나라 전체에 큰 위기라도 닥친 것처럼 호들갑을 떱니다. 반대로 국민소득이 올라가면 나라가 대단한 발전이라도 이룬 것처럼 우쭐대기도 하고요. 한데 이게 온당한 일일까요? 어떤 사회나 나라의 나음과 못함을, 좋음과 나쁨을 저런 통계 수치들로 판가름할 수 있을까요?

자, 한번 따져 보지요. 대표적으로 많은 사람이 신줏단지 모시듯 하는 국민총생산, 곧 GNP라는 걸 들여다볼까요?

잘 알다시피 GNP(Gross National Product)란 한 나라 국민이 한 해 동안 생산한 재화와 서비스를 모두 합한 금액을 말합니다. 요즘은 GNP 대신 흔히 '국내총생산'이라 불리는 GDP(Gross Domestic Product)라는 용어를 더 자주 쓰기도 합니다. 이 둘은 개념이 거의 비슷하면서도 약간 다릅니다. GNP는 '국민'을 기준으로 생산 금액을 계산한 것이고, GDP는 '국가'를 기준으로 계산한 거지요. 하지만 여기서는 경제학 이론을 공부하는 게 목적이 아니므로 이 둘을 엄밀히 구분할 필요는 없습니다. 우리가 기억할 것은 GNP든 GDP든 핵심은 생산량이라는 점입니다.

참고로, 2015년 기준으로 우리나라의 GDP 순위는 세계 11위, 국민 1인당 GDP 순위는 세계 29위로 공식 발표되었습니다. 세계 대부분 나라는 이 순위를 조금이라도 끌어올리려고 갖은 애를 다 씁니다. 그래야 잘사는 나라, 발전한 나라, 곧 선진국으로 인정받을 수 있는 탓이지요. 결국 물건이든 뭐든 생산을 많이 할수록 선진국이 된다는 얘깁니다. 하지만 GNP나 GDP의 실체를 찬찬히 뜯어보면 놀라운 사실을 발견하게 됩니다.

GNP와 GDP는 생산 중심 개념입니다. 그리고 그 기준은 화폐 가치입니다. 화폐로 측정할 수 있는 물건과 서비스의 총생산량을 양적으로만 계산한 것이라는 얘기지요. 이는 곧, 돈이 더 만들어지고 늘어나기만 하면 GNP와 GDP는 올라가고 경제성장을 한 것이 된다는 얘기이기도 합니다. 그래서 실제 현실에서는 어처구니없는 일이 종종 벌어지곤 합니다.

예컨대 전쟁이 터지고, 환경 사고나 자동차 사고가 나고, 숲을 베어내고, 물이 오염되어 생수를 사 먹고, 태풍이 휩쓸고 지나가 한 도시가 쑥대밭이 되고, 범죄자가 많아져도 GNP와 GDP는 올라가고 경제는 성장한 것이 됩니다. 결론부터 말하면, 이 모든 경우에 생산이 이루어지고 돈이 만들어지기 때문입니다. 이게 대체 무슨 말이냐고요? 그게 말이 되는 소리냐고요?

자, 한번 보세요. 전쟁이 터지면 무기를 엄청나게 많이 생산하고 사고팝니다. 환경오염으로 많은 사람이 병에 걸리면 더 많은 의사와 간호사, 병원 등이 필요해집니다. 자동차 사고가 나면 수리를 하거나 새 차를 사야 합니다. 이 모든 경우에 돈이 오가고 돈이 필요합니다. 베어 낸 나무를 팔 때에도, 생수를 사 먹는 데도 돈이 오갑니다. 태풍으로 부서진 집과 다리를 새로 지을 때도 생산이 이루어지고 돈이 만들어집니다. 범죄자가 많아지면 교도소를 더 많이 지어야 합니다.

그래서 자기 집 뜰에서 키운 감자를 먹는 게 아니라 머나먼 나라에서 생산되어 먼 거리를 이동해 온 외국의 포테이토칩 과자를 사 먹는 게 경제성장에 이바지하는 행위가 됩니다. 미국의 어느 환경운동가는 자동차 사고가 한 번 날 때마다 미국 경제가 성장한다고 비꼬기도 했지요. 『나무를 심은 사람』이라는 작품으로 유명한 프랑스 작가 장 지오노˙는 이렇게까지 말한 적이 있습니다.

"전쟁은 자본주의 국가의 모든 산업에 신선한 피를 공급한다. 전쟁

■ 장 지오노(Jean Giono, 1895~1970)
프랑스 작가로, 인간과 대지의 조화로운 삶을 꿈꾸는 소설을 잇달아 발표하였다. 비평가들로부터 '반도시적, 반근대문명적 작가, 시대의 대세를 거스르는 자연사상가'라는 평가를 받았으며, 앙드레 말로는 20세기 프랑스를 대표하는 세 명의 작가 가운데 한 명으로 꼽기도 하였다. 그가 1953년 발표한 단편소설 『나무를 심은 사람』은 이 시대에 필요한 영웅의 모습과 자연의 소중함을 깨닫게 해 준 작품으로 평가받는다. 이 외에 『언덕』, 『보뮈뉴에서 온 사람』, 『소생』, 『세계의 노래』, 『지붕 위의 경기병』, 『앙젤로』 등의 작품이 있다.

은 자본주의 국가의 뺨을 아름다운 색으로 물들이고, 솜털이 돋아나도록 한다.”

이제 여러분도 충분히 짐작할 수 있을 것입니다. 이런 예를 들자면 한도 끝도 없다는 사실을 말입니다. 요컨대, 사람이 죽고 환경이 망가지고 공동체가 무너지고 사회가 병들어도 이 모두 GNP와 GDP를 끌어올리고 경제를 성장시키는 것이 된다는 얘기지요.

중요한 얘기여서 다시 한 번 강조합니다. 이런 ‘파괴적 생산’이 경제성장에 도움이 되는 이유는 오직 단 하나, 이것이 더 많은 돈을 만들어 내기 때문입니다. 여기서 돈이란 오로지 양적인 액수가 ‘숫자’로 환원되고 계산되고 표현되는 화폐 가치를 뜻합니다.

이야기는 여기서 끝나지 않습니다. GNP나 GDP의 속성이 이러하기에 여기서는 누가 무엇을 어떻게 생산하고 소비하는가 하는 질적인 차원은 관심사가 되지 못합니다. 그 결과 GNP나 GDP에는 인간의 전체 생산 활동에서 자연이 맡고 있는 몫은 포함되지 않습니다. 예를 들어 깨끗한 공기와 물, 토양, 숲과 나무, 갯벌, 생물 다양성 등은 아주 크고 다양한 가치를 지니고 있습니다. 그럼에도 이런 가치는 현대 자본주의 경제의 ‘숫자’에는 포함되지 않습니다. 그냥 공짜로 또는 저절로 주어지는 것쯤으로 여겨지지요.

GNP나 GDP에는 또 무엇이 빠질까요? 돈으로 계산하거나 거래하지는 않지만 우리가 살아가는 데, 혹은 이 세상이 유지되는 데 중요한 일들로는 뭐가 있을까요? 요리, 청소, 빨래 등과 같은 가사 노동, 아이·병자·장애인·노인 등을 돌보는 이른바 돌봄 노동, 자기가 먹을 것을 스스로 생산하는 것과 같은 자급 노동, 물물교환과 상호부조, 봉사활동 같은 것들을 꼽을 수 있지 않을까요? 이런 것들은 '당연히(?)' GNP나 GDP를 계산할 때 포함되지 않습니다. 이런 것들에는 화폐 거래가 없기 때문입니다.

그래서 이런 어처구니없는 일이 벌어지기도 합니다. 돈을 받고 일하는 가사 도우미나 아이 돌봐 주는 사람(베이비시터)은 경제 활동 인구로 등록됩니다. 하지만 온갖 집안일을 끝도 없이 하고 있는 수많은 전업 주부는 생산 활동을 하지 않는 가치 없는 존재, 곧 쓸모없는 사람으로 여겨집니다.

그렇습니다. 오늘날 세상이 떠받들고 있는 GNP니 GDP니 경제성장이니 하는 것들의 민낯이 이러합니다. 좀 심하게 말하면, 삶과 세상의 참모습과는 동떨어진, 아니 도리어 그 참모습을 감추거나 왜곡하는 허구적이고 기만적인 '숫자 놀음'이라고 해도 그리 지나친 말이 아니지요. 그러므로 GNP나 GDP가 늘어나고 경제가 성장하는 것을 무조건 좋고 바람직한 것이라고 여기는 건 환상이자 착각입니다. 자연환경이 경제성장을 무한히 뒷받침할 수 있다거나, 경제성장이 경제 문제의 전부 혹은 거의 대부분을 해결할 수 있으리라고 여기는 사고방식 또한 환상이자 착각인 것은 마찬가지고요.

바로 이 때문에 슈마허는 어느 강연에서 이렇게 말했습니다.

GNP는 실제로는 아무런 의미가 없는 개념입니다. 순전히 양적인 개념이기 때문이지요. GNP로는 어떻게 삶의 질을 높일 것인가와 같은 물음에 대해 답을 얻을 수 없습니다. 이런 개념으로는 물질 외에도 다른 목표가 우리 삶에 있다는 생각은 주목을 끌지 못합니다. 기독교식으로 말하면 인간의 지상 과제는 자기 영혼을 구원하는 것인데, 우리는 지금 구원에 필요한 것보다 훨씬 더 많은 물질을 구원의 수단으로 갖고 있습니다. 그러다 보니 물질이 영혼을 구원하는 데 오히려 방해가 될 지경에 이르고 말았습니다.

나는 왜 소의 숫자를 셌던 걸까

그럼, 슈마허가 중요하게 여긴 건 뭘까요? 그것은 '질적인 구별'이었습니다. 그의 말마따나 사과 개수와 텔레비전을 보면서 보낸 저녁시간을 나란히 더하는 것은 아무런 의미가 없습니다. 한데 GNP나 GDP, 경제성장 같은 것들은 사과 개수와 텔레비전 시청 시간을 기계적으로 더해 놓은 식의 개념입니다. '좋은 것'과 '나쁜 것', '중요한 것'과 '하찮은 것', '고귀한 것'과 '저급한 것' 등을 질적으로 구별하지 않으니까요. 화폐 가치로 나타낼 수 있는 모든 재화와 서비스 생산량을 죄다 뭉뚱그려 한데 합쳐 놓은 것일 뿐이니까요.

이와 관련해 슈마허는 또 다른 강연에서 흥미로운 경험담을 들려줍니다. 그가 젊은 시절에 영국의 한 농장에서 노동자로 일하면서 겪은 일입니다. 그의 임무 가운데 하나는 아침식사를 하기 전에 멀리 떨어진 언덕에 가서 들판에 소가 몇 마리 있는지를 센 뒤 토지 관리인에게 그것을 보고하는 것이었습니다. 가서 보면 소는 늘 32마리가 있었습니다.

 그런데 한번은 어떤 나이 지긋한 농부가 들판 입구에 서 있다가 그에게 말을 걸어옵니다. "이보게, 젊은이. 매일 아침마다 여기서 뭘 하는 건가?" 그는 대답합니다. "특별한 건 아니고요. 그냥 소가 몇 마리인지 세 봅니다." 그러자 농부는 고개를 가로저으며 이렇게 말합니다. "그렇게 매일 소를 센다고 해서 소가 잘 자라는 건 아니라네." 그는 대수롭잖게 여기고 여느 때처럼 관리인에게 소가 32마리라고 보고했습니다. 돌아오는 길에 그는 이렇게 생각했다고 합니다. '흠, 어쨌든 나

는 경제 전문가야. 시골 사람들이 뭘 안다고 내 일에 참견이야.'

그러던 어느 날이었습니다. 들판으로 가서 소를 셌는데 아뿔싸, 이번엔 31마리밖에 없는 것이었습니다. 큰일 났습니다. 화가 난 관리인과 함께 들판 이곳저곳을 뒤진 끝에 결국 덤불 밑에 죽어 있는 소 한 마리를 발견했습니다. 그때서야 슈마허는 자기가 한 일을 돌이켜 봅니다. 이렇게 생각하면서 말입니다. '나는 지금까지 소를 왜 셌던 걸까? 소가 죽는 걸 알지도 못하고 막지도 못하면서.'

슈마허는 농부가 전해 주려던 지혜가 아마도 이런 것이었을 거라고 뒤늦게 깨닫습니다. '소 숫자를 세는 건 중요한 일이 아니다. 소는 한 마리씩 잘 살펴보고 건강 상태에 주의를 기울이지 않으면 잘 자랄 수 없다. 눈도 살펴보고 털의 윤기도 유심히 살펴봐야 한다.' 만약에 슈마허가 이런 일을 제대로 했더라면 죽은 소의 건강 상태를 미리 알아차렸을 것이고, 그랬다면 그 소는 죽지 않았겠지요.

슈마허는 이 경험이 자기한테 큰 깨달음을 주었다고 고백합니다. 중요한 것은 소의 숫자를 '양적으로' 세는 게 아니었습니다. 소 한 마리 한 마리를 '질적으로' 정성껏 살펴보는 일이었습니다. 그렇습니다. 산업사회의 자본주의 경제에서 숫자는 관념적이고 추상적입니다. 살아 있는 현실을 반영하지 못하지요. 그래서 획일적이고 기계적입니다. 또 그런 만큼 폭력적이기도 합니다. 그러니 이런 숫자에서 살아 꿈틀거리는 삶의 구체성이나 온기를 찾아볼 수 없는 건 당연한 일이겠지요. 슈마허가 GNP 같은 개념으로는 물질 외에도 다른 목표, 다른 소중한 것이 우리 삶에 있다는 사실을 알 수 없다고 강조한 것도 이런 맥락에서입니다.

슈마허가 한창 활동하던 1950~60년대는 자본주의 경제가 흥청망청하며 성장과 번영의 한길을 한껏 내달리던 때였습니다. 그만큼 당시는 '숫자의 신화'를 떠받드는 주류 경제를 비판하고 반대하는 목소리를 내기가 지금보다 쉽지 않았습니다. 하지만 슈마허는 단호했습니다. 그는 허구와 환상으로 덧칠된 무한 성장이라는 깃발 아래 인류가 망하는 길로 치닫고 있다는 사실을 누구보다도 먼저, 그리고 누구보다도 절박하게 인식하고 있었습니다.

악마의 맷돌

이쯤에서 한 가지 궁금증이 생길 법합니다. 이런 식으로 돌아가는 경제는 이 세상과 인간의 삶을 어떻게 바꿔 놓을까, 라는 게 그것입니다. 이 문제를 살펴보는 데 도움을 주는 게 '비경제적인 것'에 관한 슈마허의 논의입니다. 여러분은 어떤 것이 '비경제적'이라는 말을 들으면 어떤 생각이 드나요? 대다수 사람은 비경제적이란 말을 들으면 일단 뭔가 '안 좋은 것', '부정적인 것', '바람직하지 못한 것'을 떠올리기 마련입니다. 하지만 슈마허는 이런 고정관념을 정면으로 반박합니다.

어떤 것이 비경제적인 것이 되는 경우는 그것이 화폐 기준으로 적절한 이익을 올리는 데 실패했을 때다. 경제학은 이와는 다른 의미를 만들어 내지도 않고 또 그럴 수도 없다. 경제학의 판단은 대단히 부분적이다. 실제 생활에서는 다양한 측면을 두루 고려해 어떤 판단이나 결정을 내린다. 이에 반해 경제학은 '어떤 것이 화폐 이익을 제공하는가?'라는 오직 하나의 측면만을 고려할 뿐이다.

이런 관점에 따라 슈마허가 제시하는 '비경제적인 것'의 보기는 이런 것들입니다. 자, 어떤 물건을 파는 사람이 부자이고 사는 사람이 가난하다고 가정해 봅시다. 이때 이 부유한 판매자가 가난한 고객에게 그 고객이 가난하다는 이유로 이 물건을 싸게 팔면 이것은 비경제적인 행위가 됩니다. 반대로 부자인 구매자가 판매자가 가난하다는 이유로 어떤 물건을 비싸게 산다면 이 또한 비경제적입니다. 어떤 사람이 외국에서 들여온 수입품이 더 싼데도 자기 나라에서 만든 더 비싼 국산품을 선호하면 이것도 비경제적입니다.

또 이런 경우도 있습니다. 어린아이들에게 가혹한 노예 노동을 시켜서 생산한 제품은 값이 싸기 마련입니다. 생산하는 데 비용이 적게 드니까요. 그런데 어떤 사람이 아동을 착취하는 노예 노동에 반대하는 '착한 마음'으로 이 싼 제품을 사지 않는다면 이는 비경제적으로 행동한 것이 됩니다.

이런 식입니다. 기존의 주류 경제학은 재화를 화폐 가격으로 나타

내는 시장 가치에 따라서만 평가할 뿐입니다. 그래서 그. 재화의 실제 모습이나 그 재화에 얽힌 맥락과 사연에는 아무런 관심이 없습니다. 어떤 물건이 어린아이들의 피눈물로 얼룩져 있든 말든, 수많은 사람을 죽이는 데 사용되든 말든, 자연 생태계를 폐허로 만든 것이든 말든, 그것을 취하는 사람에게 사적인 이익과 이윤을 안겨 주기만 하면 그것이 최고지요. 그래서 이런 방식의 경제 활동이 펼쳐지는 곳인 시장을 일컬어 슈마허는 조금 어려운 말로 '개인주의와 무책임의 제도화'라 불렀습니다.

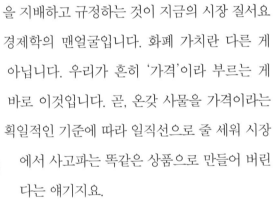

이처럼 화폐 가치라는 단 하나의 잣대만으로 표현되는 '양'이 '질'을 지배하고 규정하는 것이 지금의 시장 질서요 경제학의 맨얼굴입니다. 화폐 가치란 다른 게 아닙니다. 우리가 흔히 '가격'이라 부르는 게 바로 이것입니다. 곧, 온갖 사물을 가격이라는 획일적인 기준에 따라 일직선으로 줄 세워 시장에서 사고파는 똑같은 상품으로 만들어 버린다는 얘기지요.

칼 폴라니ᵇ라는 저명한 경제사상가는 일찍이 『거대한 전환』이라는 책에서 이런 식의 시장주의를 '악마의 맷돌'이라고 부른 적이 있습니다.

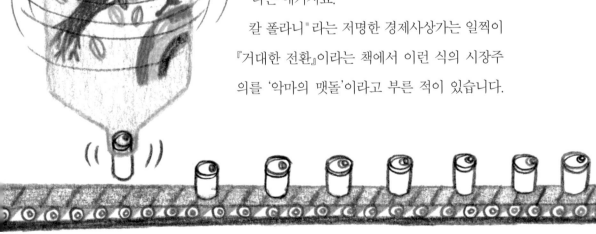

그 속에 들어가면 인간, 자연, 사회, 민주주의, 공공성, 생명 따위는 형체도 없이 몽땅 짓이겨져 똑같은 상품으로 전락하고 만다는 거지요. 슈마허의 문제의식 또한 이와 다르지 않습니다. 그는 이런 경제학이 지배하는 세상을 이렇게 묘사합니다.

생명으로부터 신성함은 사라진다. 가격을 갖는 것에는 신성함이 존재할 수 없기 때문이다. 경제적 사고방식이 사회 전체를 지배하게 되면 아름다움, 건강, 깨끗함 등과 같은 비경제적인 가치조차 '경제적인' 것으로 입증되는 경우에만 살아남을 수 있다. 비경제적인 가치를 경제적 계산 영역에 끼워 넣는 것은 차원 높은 것을 저급한 것으로 끌어내리고, 가격을 매길 수 없는 것에 가격을 매기는 일이다. 그것으로 할 수 있는 일이란 고작 자신이나 다른 사람을 속이는 것밖에 없다. 왜냐하면 측정할 수 없는 것을 측정하려는 시도는 이치에 맞지 않는 일이며, 선입견으로부터 빤한 결론을 이끌어 낼 뿐이기 때문이다. 경제적 계산을 적용할 수 있는 영역에 한계가 있음을 알아채지 못한다면, 그것은 성서를 인용해서 물리학 문제를 해결하려고 했던 중세의 몇몇 신학자들과 비슷한 오류를 저지르는 일이다.

칼 폴라니

생명의 신성함이 사라진 곳, 어떤 사물이 자기의 본성과 가치를 잃어버린 채 바깥의 엉뚱한 잣대에 따라 이리저리 휘둘리는 곳이 온전한 세상일 수 있을까요? 이런 세상을 건강한 곳이라 할 수 있을까요?

경제학 너머의 메타 경제학

기존 경제학에 대한 이런 비판을 디딤돌 삼아 슈마허가 특별히 강조

■ 칼 폴라니(Karl Polanyi, 1886~1964)

오스트리아 빈 출신의 헝가리인으로 경제사가이자 경제인류학자이다. 1924년부터 빈에서 경제 전문 잡지『오스트리아 경제』의 국제 문제 담당 기자로 활동했으나 1933년 반동 세력의 탄압으로 영국으로 건너가 노동자 교육에 종사하였다. 한편, 산업 문명의 역사에 대한 본격적인 연구를 통해 1944년『거대한 전환』을 발표하였다. 폴라니는 시장은 필연적인 것이 아니라 인간이 만들어 낸 제도적 장치라는 것을 잊어서는 안 되며, 시장주의 경제학은 사회현상의 복잡성을 제대로 담아 내지 못할 뿐 아니라 총체적인 인간 역시도 매우 단편적으로만 파악한다고 비판하였다.

하는 게 있습니다. '메타 경제학'이 그것입니다. 메타 경제학? 용어가 너무 어렵게 느껴지나요? 하지만 알고 보면 별거 아닙니다. 영어에서 '메타(meta-)'가 앞에 붙으면 '더 높은', '넘어선' 등과 같은 뜻을 나타내지요. 곧, 메타 경제학이란 '경제학을 넘어서는 경제학', '더 높은 차원의 경제학'을 가리키는 말입니다. 슈마허의 표현을 따르자면 "경제학의 한계를 이해하고 해명하는 경제학"이라고 할 수도 있고요.

여기서 그가 초점을 맞춘 것이 바로 '인간'과 '자연'입니다. 다시 말하면 '인간의 얼굴을 한 경제학'이자 '자연과 함께하는 경제학'인 셈이지요. 이처럼 경제적 가치뿐 아니라 인간적·생태적·사회적 가치를 함께 연구해야 한다는 게 메타 경제학의 입장입니다.

여러분도 한번 생각해 보세요. 단적인 보기로, 석유처럼 매장량이 한정돼 있고 재생 가능하지도 않은 재화를 지금 당장 돈벌이와 경제 성장에 도움이 된다고 해서 펑펑 써 대기만 하면 결국은 어떻게 될까요? 이런 식으로 돌아가는 경제학은 이제 더 늦기 전에 새로운 방향 전환이 필요하지 않을까요? 그렇습니다. 기존의 주류 경제학은 시야가 좁고 짧습니다. 부분적이고 일차원적입니다. 그래서 메타 경제학으로 보완되고 수정되지 않으면 현실에 걸맞은 통찰력이나 문제 해결책을 이끌어 낼 수 없는 게 주류 경제학입니다.

이렇게 보면, 목적과 수단 혹은 본질적인 것과 비본질적인 것이 뒤바뀌어 있는 게 지금 경제학의 가장 큰 문제라고 해야 할지 모릅니다. 이를테면, 아주 단순하게 말해 경제의 궁극적인 목적을 사람의 행복이

라고 해 봅시다. 한데 생산력을 떠받드는 GNP와 성장 신화에 사로잡혀 있는 지금의 경제는 사람을 노동력이라는 생산 요소로만 취급합니다. 자연은 그저 개발 대상이자 자원 저장 창고쯤으로 여깁니다. 목적을 수단으로, 본질적인 것을 비본질적인 것으로 다루는 셈이지요.

이처럼 뒤바뀌어 있는 것을 바로잡자는 것, 거꾸로 선 것을 바로 세우자는 것, 그래서 본래 목적과 본질에 충실한 경제학을 건설하자는 것이 메타 경제학이 전하는 메시지입니다. 이제 이 메타 경제학을 떠받치는 두 기둥인 자연과 인간이 기존 경제와 경제학에서는 어떤 취급을 받고 있는지 좀 더 상세히 살펴보겠습니다.

잔치는 끝났다

스스로를 죽이는 오류

먼저 슈마허의 얘기부터 들어 볼까요?

근대인은 자신을 자연의 일부로 받아들이지 않는다. 반대로 자연
을 지배하고 정복할 운명을 타고난 '외부 세력'이라고 여긴다. 심
지어 근대인은 자연과 싸운다고 말한다. 하지만 이 싸움에서 이
기더라도 결국에는 자기가 패자가 되리라는 사실을 잊고 있다.

슈마허에 따르면, 생산이 무한정으로 늘어나리라고 믿는 성장 지상
주의라는 오류가 뿌리내리게 된 것은 최근 300~400년 사이에 자연
에 대한 인간의 태도가 근본적으로 바뀐 탓입니다. 이 시기를 거치면

서 온갖 과학기술이 눈부시게 발전하고 산업혁명을 계기로 생산력이 폭발적으로 늘면서 사람이 자연을 바라보는 관점이 완전히 바뀌었다는 거지요.

그는 과학기술의 경이로운 성과에 힘입어 무한한 힘에 대한 환상과 함께 생산 문제가 해결되었다는 환상이 탄생했다고 시적합니다. 여기서 그는 한 가지 중요한 사실을 환기시킵니다. 생산 문제가 해결됐다는 환상, 곧 끝없이 생산을 늘릴 수 있고 또 그게 좋은 것이라는 환상은 '소득'과 '자본'을 제대로 구분하지 못해서 생겼다는 게 그것입니다.

무슨 말이냐고요? 여러분, 소득이란 게 뭔가요? 소득이란 '어떤 일을 하고서 얻는 이익'이잖아요? 경제학적으로 표현하면 '일정 기간 노동을 하거나 자산을 운용하는 등의 결과로 얻게 되는 여러 형태의 수입'을 뜻하지요. 자본이란 뭔가요? 잘 알다시피 '장사를 하거나 사업을 하는 데 기본 밑천이 되는 돈'이 자본입니다. 경제학적으로는 '상품을 만드는 데 필요한 생산수단이나 노동력을 통틀어 이르는 말'이고요.

그런데, 슈마허의 말마따나 어떤 사업가도 자본을 빠른 속도로 까먹으면서 이제는 생산이 늘어나리라고, 우리 회사는 영원히 발전하리라고 여기지는 않습니다. 자본을 까먹으면 생산과 발전의 토대를 갉아먹음으로써 오히려 망하는 길로 가게 되잖아요? 슈마허가 지적하는 게 이것입니다. 지금 우리 경제가 바로 이런 사실을 잊어버리고 있다는 겁니다.

이것을 또렷이 보여 주는 게 석유입니다. 경제는 물론 지금의 사회와 문명을 지탱하고 움직이게 하는 핵심 동력이 석유라는 건 우리 모두가 잘 아는 사실입니다. 그런데 석유는 인간이 생산한 자원이 아닙니다. 즉 인간이 만들어 낸 것이 아니라, 이미 자연에 존재하던 것을 인간이 '찾아냈을' 뿐이지요. 더군다나 석유는 재생될 수 없으므로 많이 쓸수록 빨리 줄어들 수밖에 없습니다.

여기서 중요한 건 석유가 자본이라는 사실입니다. 인간이 수고해서 만들어 낸 것이 아니기 때문입니다. 곧, 소득이 아니라는 얘기지요. 그럼에도 지금 경제는 석유를 자본이 아니라 소득으로 취급합니다. 본래부터 자연에 묻혀 있는 걸 찾아내 뽑아 쓰는 것인데도 마치 우리가 뭔가를 해서 생긴, 다시 말하면 우리가 만들어 낸 이익처럼 여긴다는 말이지요.

하지만 자본이 줄어들고 바닥나면 그것은 망하는 길로 가는 것입니다. 바로 이런 자본이 고갈되고 있는데도 생산 제일주의와 끝없는 성장에 대한 환상에서 벗어나지 못하고 있는 게 지금의 산업사회 경제입니다. 이를 두고 슈마허는 '자기 스스로를 죽이는 오류'를 저지르는 짓이라고 강력하게 비판했습니다.

그럼, 이런 오류를 저지르게 된 이유는 뭘까요? 그것은 우리가 우리 스스로 만들지 않은 것들은 가치 없는 것으로 취급하려는 습성을 지닌 탓입니다. 생산에 도움이 되는 자본은 여럿 있습니다. 과학기술과 전문 지식, 도로·항만·공항·철도 등과 같은 사회간접자본, 각종 기계나 설비·장치 등이 대표적이지요. 우리는 이런 것들을 만들고 유지하는 데 많은 돈과 자원을 쏟아 붓습니다.

그렇지만 이런 것들은 우리가 이용하는 모든 자본의 일부에 지나지 않습니다. 곰곰이 따져 보면 인간이 만든 것보다 물, 공기, 땅 등과 같이 자연이 제공하는 자본이 훨씬 더 큽니다. 그런데 자연은 우리가 만든 게 아닙니다. 문제는, 바로 그 때문에 우리가 자연을 자본으로 인정하지 않으려 한다는 점입니다. 공짜로 주어진 것, 선물로 받은 것, 아무렇게나 써도 되는 것 정도로 취급하지요.

석유를 자본으로 여긴다면 어떻게든 까먹지 않고 잘 보존하려고 노력할 터입니다. 하지만 그냥 이익이 발생한 것으로, 수입을 올린 것으로 여기니 마구 쓰게 되는 겁니다. 자연이나 자원을 이런 식으로 대하는 경제가 지속 가능할 리 없다는 건 당연한 얘기겠지요. 지금의 산업사회 경제를 제 무덤을 스스로 파는 '자멸적 경제'라고 부르는 까닭이 여기에 있습니다.

비극의 섬

이런 얘기는 그저 막연한 이론이나 주장에서 그치는 게 아닙니다. 실제로도 벌어지는 일입니다. 남태평양에 있는 인구 1만여 명의 작고 외딴 섬나라인 나우루가 그 생생한 사례입니다. 나우루는 30~40년

나우루의 인광석 채굴 모습

전만 해도 세계에서 가장 잘사는 나라 축에 들었습니다. 하지만 지금
은 아주 가난하고 비참한 나라로 전락하고 말았습니다. 어쩌다 그렇
게 됐을까요?

나우루 사람들은 어느 날 섬에 인광석이라는 지하자원이 엄청나게
많이 묻혀 있다는 걸 알게 되었습니다. 이 섬은 먼 거리를 비행하는
철새들이 드넓은 태평양을 날다가 중간에 내려 쉬었다 가기에 맞춤
한 곳에 자리 잡고 있습니다. 인광석은 이곳에 들른 수많은 철새의 배
설물이 오랜 세월을 거치면서 땅에 스며들어 만들어진 것입니다. 그
런데 이 인광석은 비료를 만드는 데 반드시 들어가야 할 물질입니다.

현대 농업에서 비료 없이 농사를 지을 순 없으니 온 세계가 필요로 하는 자원이지요. 그러니 나우루로서는 이 인광석을 캐내 팔기만 하면 엄청난 돈을 가만히 앉아서 벌 수 있게 되었습니다.

이것이 비극의 시작이었습니다. 풍부한 인광석 덕분에 너무나 손쉽게 벼락부자가 된 나우루 사람들은 그저 먹고 마시고 노는 것만 즐기기 시작했습니다. 사람들은 땀 흘려 일할 필요가 없어졌습니다. 돈이 차고 넘치니 모든 게 공짜로 주어졌습니다. 우리나라 울릉도의 3분의 1밖에 안 되는 좁은 섬에서 집집마다 자동차를 몇 대씩 굴렸습니다. 청소나 빨래 같은 집안일마저 나라가 월급 주고 고용한 외국인 노동자가 대신 해 주었고요. 그 와중에 먹거리는 먹기 편하고 자극적인 맛으로 범벅된 패스트푸드와 가공음식 중심으로 바뀌었습니다.

그 바람에 이곳 사람들은 대부분 뚱뚱보가 되고 말았습니다. 또 당뇨병 같은 무서운 병에 걸렸습니다. 거기에다 돈 욕심에 눈이 멀어 마구잡이로 인광석을 캐낸 결과 결국은 바닥이 나고 말았습니다. 돈다발이 안겨 주는 달콤한 소비와 사치에 중독돼 흥청망청 편하게만 살던 부자들이 그만 쫄딱 망해 거지 신세가 되고 만 겁니다.

이제 이곳에 남은 건 황폐해진 자연과 병든 사람, 그리고 비참한 가난뿐입니다. 비극의 섬, 나우루. 이곳은 오늘날 눈앞의 이익과 안락을 위해 자연을 마구 탕진하면서 미래를 팔아넘긴 대가가 얼마나 가혹한지를 날것으로 증언하고 있습니다.

석유문명을 넘어

나우루의 비극은 나우루에서만 끝나는 걸까요? 여러분, 이렇게도 한 번 생각해 보는 건 어떨까요? 나우루가 이 지구라면? 나우루 경제가 현대 산업문명이라면? 그리고 인광석이 석유라면?

이것은 괜한 비유가 아니라 실제로도 아주 비슷합니다. 인광석이 나우루를 먹여 살렸듯이 현대 산업문명을 먹여 살리는 주역이 석유입니다. 빠르게 바닥나고 있다는 점도 닮았고요. 대다수 현대인이 석유가 제공하는 안락과 편리에 푹 젖어 있는 것 또한 나우루 사람들과 크게 다르지 않지요.

이런 석유가 고갈되고 있고 이것이 현대 문명의 뿌리를 뒤흔들 중대 사안이라는 사실을 누구보다도 먼저 예리하게 간파한 사람이 바로 슈마허입니다. 『작은 것이 아름답다』가 출간된 1973년과 그 이듬해에 걸쳐 세계 석유 파동이 일어났다는 얘기는 앞에서도 했습니다. 명민한 슈마허는 이 사건을 예사롭게 보아 넘기지 않았습니다. 그가 보기에 석유 파동은 일회적이거나 일시적인 사건이 아니었습니다. 그는 "1973년 10월 6일 이후 모든 것은 과거와 달라졌다."라고 단언하기도 했습니다. 이날은 석유 파동의 원인을 제공한 제4차 중동 전쟁이 시작된 날이거든요.

그는 당시 석유를 둘러싼 세계 경제 흐름과 국제 정세를 면밀하게 분석했습니다. 그렇게 해서 내린 결론은 명백했습니다. 석유 고갈 문제가 머잖아 현대 문명과 산업사회의 토대를 무너뜨릴 치명적인 위협이 될 수밖에 없으리라는 게 그것이었습니다. 하지만 사실 당시만 해도 전 세계가 그 이전부터 계속돼 온 경제성장과 물질적 번영의 '달콤한 맛'에 매혹돼 있던 때였습니다. 다들 내남없이 '석유 중독'에 빠져 석유를 흔전만전 쓰고 있었지요.

이런 상황에서 슈마허의 선구적인 통찰은 단연 돋보이는 것이었습니다. 석유 생산이 무한하리라는 환상이 지배하던 시절이었음에도 그는 "이제 석유 생산의 꼭짓점은 지났다. 앞으로는 석유가 비싸고 귀한 자원이 될 것이다. 대량으로 값싼 석유가 공급된 결과로 가능했던 모든 것이 무너지거나 사라질 위험에 처했다."고 통렬하게 경고했습니다.

값싸고 풍부한 석유가 남긴 유산 가운데 그가 특히 주목한 것은 두 가지입니다. 농업과 도시가 그것입니다. 슈마허는 석유를 비롯한 화석연료 없이는 아예 존립할 수조차 없는 산업화된 현대 농업의 본질을 지금으로부터 40년도 더 전에 이미 명쾌하게 파헤쳤습니다.

■ **제4차 중동 전쟁**(라마단 전쟁, 욤 키프르 전쟁)
1973년 아랍과 이스라엘 간에 벌어진 전쟁이다. 이집트와 시리아가 과거 3차례 중동전쟁에서 잃었던 영토 회복을 위해 수에즈 전선과 골란고원의 양 전선에서 이스라엘을 기습 공격함으로써 시작되었다. 전쟁 6일 후 이스라엘이 반격을 시작하여 승기를 잡았으며, 유엔에서 미소 결의로 휴전이 성립되었다. 그러나 이 전쟁 중에 아랍석유수출국기구 (OPEC)가 감행한 '석유의 무기화'는 국제사회에서 산유국 발언권 강화를 가져왔으며, 이때 석유값이 4배나 뛰면서 고유가 시대를 초래하였다.

현대식 농업 시스템은 석유에 니무나 크게 의존한다. 경제힉적으로 보면 우리는 석유를 먹는다고 할 수 있다. 현대화된 농업 시스템으로 인류 전체를 먹여 살릴 수 있다고들 한다. 그러나 40억 인구(『작은 것이 아름답다』 출간 당시의 세계 전체 인구)를 모두 현대식 농업기술로 먹여 살리려면 농업 한 분야에만 지난 30년 동안 캐낸 세계의 모든 석유를 죄다 쏟아 부어야 한다. 이런 시스템을 전 세계에 적용할 수 없다는 건 명백한 사실이다. 또한 이것은 단기적인 시스템이지 항구적인 게 아니다. 석유만이 아니다. 이것은, 가령 모래처럼 어디에나 널린 자원을 빼면 재생 불가능한 자원 모두에 해당하는 문제다. 이런 시스템은 지속될 수 없다. 이건 선택의 문제가 아니다. 당위의 문제다.

슈마허가 석유라는 틀로 도시를 설명한 대목도 흥미롭습니다. 도시는 지난 5000~6000년 동안이나 존재해 왔습니다. 하지만 어느 정도 규모 이상으로는 커지지 않았습니다. 대도시는 혼자 힘으로는 생존할 수 없기 때문입니다. 대도시는 도시 내부뿐 아니라 도시 바깥의 땅에

도 기댈 수밖에 없습니다. 주변에 식량을 공급해 줄 배후지가 필요하다는 얘기지요. 그런데 옛날에는 식량을 실어 나를 운송 에너지로 사용할 수 있는 게 동물과 인간밖에 없었습니다. 그러니 도시가 커지는 데는 한계가 있을 수밖에 없었습니다. 하지만 석탄이나 석유 같은 화석연료를 에너지로 쓰는 새로운 운송 수단과 기술이 널리 보급되면서 이 문제가 해결되었습니다. 즉, 이제는 식량을 멀리 떨어진 곳에서도 대량으로 들여올 수 있게 된 거지요.

도시가 커진 데에는 또 다른 요인이 있습니다. 슈마허의 설명인즉슨 이렇습니다. 만약 100명을 먹여 살리는 데 80명이 필요하다면 도시에 살 수 있는 인구는 20명밖에 안 됩니다. 나머지 80명은 식량을 생산하는 농촌을 떠나서는 안 되니까요. 하지만 한 사람당 생산력이 급속히 높아져서 5명이 100명을 먹여 살릴 수 있게 된다면 어떻게 될까요? 그렇습니다. 그리되면 이제 95명이 도시에 살 수 있고 5명만 농촌에 남아도 됩니다. 요컨대, 대도시가

탄생하려면 한 사람당 농업 생산성이 급격히 높아져야 한다는 얘기지요.

이것을 이루어 준 주인공이 바로 석유입니다. 현대 농업에서 생산력이 비약적으로 높아진 것은 기계화, 대규모화, 농약과 화학비료의 대량 사용, 농산물의 장거리 대량 운송 등에 힘입은 덕분이잖아요? 한데 이 모든 것을 가능하게 해 준 것이 석유니까요. 이렇게 보면 결국 도시란, 슈마허가 맞춤하게 표현했듯이 "석유라는 에너지를 계속 넣어 줘야만 움직일 수 있는 거대한 기계"인 셈입니다.

두말할 필요도 없이 도시는, 특히 대도시는 현대 문명과 산업사회를 이루는 뼈대이자 심장입니다. 슈마허는 이런 도시의 역사와 특성을 석유라는 틀로 명쾌하게 해명함으로써, 석유 위에 세워진 현대 산업문명이 실은 얼마나 취약하고 지속 불가능한지를 새삼스럽게 일깨워 주고 있습니다.

세 명의 마법사가 심어 준 환상

여기서 잠깐 들려주고 싶은 얘기가 한 가지 있습니다. '생태 발자국 지수'란 게 그것입니다. 이것은 인간이 살아가는 데 필요한 자원을 생산하고 쓰레기를 처리하는 데 드는 모든 비용을 땅의 넓이로 계산한 환경 용어입니다. 그러므로 이 수치가 높을수록 자연 생태계가 많이 파괴됐음을 뜻하게 됩니다. '세계야생동물기금'이라는 국제 환경단체의 조사 결과에 따르면, 세계 전체적으로 지금의 생태 발자국이라면 지구가 1.5개 필요하다고 합니다. 지금 추세가 계속된다면 2030년에는 지구가 2개, 2050년이면 지구 3개가 필요하게 될 것이라고 하고요. 또 어떤 전문가는 인류 모두가 미국 사람의 생활수준을 누리려면 지구가 5개나 필요하다는 조사 결과를 내놓기도 했습니다.

이런 얘기들이 무얼 뜻하는지 이제 여러분도 잘 알 것입니다. 네, 맞습니다. 지금의 성장 지상주의 경제와 현대인이 누리는 생활수준은 지구의 자연 생태계가 감당할 수 있는 한계를 이미 훌쩍 넘어섰다는 게 그것입니다.

자, 그렇다면 슈마허가 주장하는 게 결국은 세상의 종말이 가까워졌다는 것일까요? 그건 아닙니다. '잔치가 끝났다.'라는 말의 뜻은 그런 게 아닙니다. 슈마허 주장의 핵심은, 지난 수백 년 동안 값싸고 풍부한 화석연료와 몇 가지 환상 탓에 생겨나고 뿌리내린 어떤 특이한 생활방식이 이제 끝나 간다는 것입니다. 여기서 몇 가지 환상이란 무엇일까요? 슈마허는 지금의 산업사회를 휘감고 있는 환상을 명료하게 세 가지로 요약합니다.

세 명의 위대한 마법사가 잔치를 즐겁게 만들었다. 첫 번째 마법사는 모든 자연법칙을 깨고 유한한 환경에서도 무한 성장이 가능하다는 환상을 우리에게 심어 주었다. 두 번째 마법사는 아주 적은 임금으로도 단순하고 지겨운 일을 계속할 노동력이 무한히 공급될 것이라고 말했다. 이 현상은 옛날 노예제 사회에서 노예에 대해 가졌던 환상과 비슷하다. 하지만 이제 노예들은 깨어나기 시작했다. 자기들이 없으면 더는 잔치를 벌일 수 없으며, 자기들이 주인보다 훨씬 더 필요한 존재라는 사실을 알게 되었다. 세 번째는 과학기술이 모든 문제를 해결할 수 있다는 환상이다. 이 마법사는 여전히 활개를 치고 있다. 하지만 과학기술은 문제를 해결하는 것보다 더 빠른 속도로 새로운 문제들을 만들어 낸다.

중요한 것은, 이런 환상들이 빚어낸 '신나는 잔치판'이 이제 더는 지속되기 어렵다는 것을 깨닫고 '잔치 이후'를 준비해야 한다는 점입니다. 하지만 이 일을 성공적으로 해내려면 먼저 알아야 할 것이 있습니다. "실패가 가장 위대한 성공으로 여겨지는" 이 어처구니없는 산업사회 아래서 우리 인간이 어떤 상태에 놓여 있는지를 깨닫는 것이 그것입니다. 나아가 이런 현실을 넘어 우리는 어떤 인간이 되어야 하는지도 탐구해야 하고요. 슈마허가 깊이 고민한 '인간 문제'의 초점도 이 두 가지에 맞추어져 있습니다.

다음에 이어지는 이야기가 산업사회에서 인간이 어떻게 살아가는가에 관한 것이고, 어떤 인간이어야 하는가를 둘러싼 이야기는 이 책을 마무리하는 4장에서 본격적으로 펼쳐질 것입니다.

작은 것이
아름답다

산업사회는 인간을
어떻게 망치는가

나쁜 노동, 좋은 노동

우리 사회에서 대부분 사람은 평생에 걸쳐 아등바등하며 삽니다. 먹고사느라, 취직하느라, 취직하면 밀려나지 않으려고 애면글면하느라, 자식들 교육시키느라, 성공하고 출세하려고 몸부림치느라, 오르는 전세금과 월세 마련하고 내 집 장만하느라, 망가진 건강 챙기느라, 늙어서는 어떻게 먹고살지 걱정하고 준비하느라 늘 바쁘고 정신이 없지요. 여기에다 계속되는 경제난 속에서 양극화와 불평등이 갈수록 깊어지면서 미래에 대한 불안과 공포가 떠날 날이 없습니다.

여러분은 어떤가요? 행복한가요? 혹시 허구한 날 다람쥐 쳇바퀴 돌 듯 학교와 학원과 집만 오가며 공부 스트레스에 시달리고 있는 건 아닌지요? 그래서 행복이 어쩌고저쩌고 하는 것 자체가 나와는 별 상

관없는 사치스러운 일로 여겨지는 건 아닌가요?

실제로도 세계 여러 나라 사람들 행복도 조사를 해 보면 우리나라는 번번이 아주 낮은 순위에 머물고 있습니다. 더구나 우리나라는 아주 부끄러운 기록을 여럿 가지고 있습니다. 세계에서 가장 높은 수준의 자살률과 이혼율, 세계에서 가장 낮은 출산율, 세계에서 가장 긴 노동 시간과 학습 시간, 세계에서 몇 손가락 안에 꼽히는 비정규직 비율과 사회적 불평등 정도 따위가 대표적이지요.

조금 의아스럽지 않나요? 지금 우리나라는 규모로 보면 세계 11위권의 경제 대국입니다. 1인당 국민소득도 2만 달러가 훌쩍 넘습니다. 그렇다면 찢어질 듯이 가난했던 옛날보다 행복한 사람이 훨씬 더 많아야 하지 않을까요? 하지만 안타깝게도 현실은 그렇지 않습니다. 오히려 더 불안하고 불행해졌다고 얘기하는 사람이 적지 않습니다. 한데 우리나라만 이럴까요? 사실은 세계 전체를 둘러보아도 상황은 크게 다르지 않습니다. 옛날과는 견줄 수도 없을 만큼 물질의 풍요를 한껏 즐기면서도 깊은 내면의 만족과 평화를 누리는 사람은 그리 많지 않습니다.

그래서 나온 게 '풍요의 역설'이라는 말입니다. 이것은 소득이 어느 수준에 이르러 기본적 욕구가 충족되고 나면 그 뒤로는 소득이 늘어나도 행복에는 큰 영향을 끼치지 않는다는 이론을 일컫는 말입니다. 즉, 아주 가난할 때에는 돈을 많이 벌수록 행복도 덩달아 커집니다. 하지만 먹고사는 데 어려움이 없을 정도의 생활수준에 이르면 그 뒤로는 설령 물질적으로 더 풍요로워져도 행복 또한 덩달아 커지는 건 아니라는 얘기입니다. 이 주장을 1974년에 처음 내놓은 미국 경제학자 리처드 이스털린의 이름을 따 '이스털린의 역설'이라 부르기도 하지요.

다들 부지런히 일하고 열심히 사는데도 왜 불행할까? 우리의 '삶'과 '일'에 무슨 근본적인 문제가 있는 건 아닐까? 여기서 우리는 이런 문제를 깊이 연구했던 슈마허의 얘기에 다시금 귀를 기울이게 됩니다. 슈마허에 따르면 그 이유는 우리가 '나쁜 노동'을 하고 있기 때문입니다. 그의 또 다른 책 『굿 워크』에서 슈마허는 인간이 노동을 하는 목적을 세 가지로 요약합니다.

첫째, 필요하고 쓸모 있는 재화와 서비스를 생산하기 위해서입니다. 둘째, 자신의 재능을 잘 발휘하고 완성하기 위해서입니다. 셋째, 자기중심주의에서 벗어나 다른 사람들을 섬기고 이들과 협력하기 위해서입니다. 이 세 가지는 노동의 목적인 동시에 노동의 역할이기도

■ 이스털린의 역설(Easterlin paradox)
리처드 이스털린(Richard A. Easterlin, 1926~)은 경제사학자로, '행복경제학'의 창시자로도 일컬어진다. 그는 1946년부터 빈곤국과 부유한 국가, 그리고 사회주의와 자본주의 국가 등 30개 국가의 행복도를 연구했는데, 소득이 어느 일정 시점을 지나면 행복도가 그와 비례하지 않는다는 현상을 발견하였다. 이를 바탕으로 1974년 '소득이 높아져도 꼭 행복으로 연결되지는 않는다'는 제목의 논문을 발표한다. 논문을 통해 바누아투, 방글라데시와 같은 가난한 국가에서 오히려 국민의 행복지수가 높게 나타나고, 미국이나 프랑스 같은 선진국에서는 행복지수가 낮다는 연구결과를 제시했다.

합니다. 즉, 노동은 세 가지 차원에서 이런 구실을 하면서 인간 삶의 중심을 이루게 된다는 얘기지요.

자, 그럼, 이 세 가지를 노동의 목적이라고 하는 이유는 뭘까요? 그것은 인간의 가장 큰 욕구가 이것들과 깊이 연관돼 있기 때문입니다. 인간의 욕구란 뭘까요? 이에 대한 슈마허의 견해는 이렇습니다. 인간은 영적인 존재로서 가치에 관심을 갖습니다. 이것은 도덕적으로 사는 것을 말합니다. 또 사회적 존재로서 인간은 다른 사람들과 다른 생명체에 관심을 갖습니다. 이것은 이웃과 동료를 섬기고 자연을 존중하는 것을 뜻합니다. 그리고 개체로서 인간은 자기 자신을 계발하는 데 큰 관심을 갖습니다. 이것은 힘과 책임감을 지닌 자율적 개인으로서 자신의 재능을 창조적으로 사용하고 발전시키기 위해 노력하는 것을 가리킵니다.

이 세 가지가 충족되어야 사람은 참 행복을 누릴 수 있습니다. 그리고 인간이 지닌 이 세 가지 근본 욕구를 충족시키는 게 바로 노동입니다. 거꾸로 노동을 통해 이런 욕구들을 배우기도 하고요. 그러므로 '좋은 노동'이란 이런 노동의 목적과 인간의 욕구가 상호 작용하면서 삶을 살찌우고 고양시키는 선순환 관계를 이룰 때 비로소 이루어집니다. 진정한 일의 즐거움이 없으면 삶의 행복도 없다는 얘기지요.

이렇게 보면 좋은 노동이 없이는 제대로 된 삶 또한 있을 수 없다는 게 분명해집니다. 슈마허는 노동에서 벗어나면 벗어날수록 더 좋다고 생각하는 건 잘못이라고 비판했습니다. 그런 관점은 노동을 하는 유일한 목적이 돈에 있다고 보는 탓이라는 게 슈마허의 견해였습니다. '좋은 노동'을 삶의 알짬으로 여기는 슈마허에게 이런 식의 관점은 무엇보다도 인간을 보잘것없는 존재로 취급하는 태도로 여겨졌을 테지요.

이런 얘기를 선뜻 수긍하기 힘든가요? '솔직히 말해서 일 안 하고 놀면서 돈도 벌 수 있다면 그게 제일 편하고 좋은 거 아냐?' 하면서 말입니다. 사실 많은 사람이 이런 '꿈'을 품고 있지요. 하지만 우리의 주인공 슈마허에 따르면 이것은 허구요 환상입니다. 삶과 일에 대한 비뚤어진 관점이 낳은 잘못된 생각이라는 거지요. 중요한 것은 이런 생각이 전적으로 산업사회의 산물이라는 점입니다.

슈마허에게 삶과 일은 통합된 것이었습니다. 좋은 노동과 좋은 삶은 하나였습니다. 특히 그는 인간이 고귀하고 위대한 존재가 되는 데 가장 필수적인 게 '좋은 노동'이라고 거듭 강조했습니다. 자, 그런데 여기서 아주 골치 아픈 문제가 있습니다. 현대 산업사회에서는 이런 좋은 노동을 누릴 수 없다는 게 그것입니다. 그 이유는 뭘까요?

삶의 존엄성과 품위를 망가뜨리는 사회

슈마허가 보기에 그 이유는 산업사회가 네 가지의 사악한 본성을 지니고 있는 탓입니다. 그가 바라보는 산업사회는 첫째, 지나치게 복잡합니다. 둘째, 탐욕, 시기심, 이기주의 같은 좋지 않은 마음을 끊임없이 부추기고 이용합니다. 셋째, 노동에서 품위와 만족을 없애 버립니다. 넷째, 지나치게 큰 규모 탓에 권위주의적이고 독재적입니다.

산업사회는 왜 이런 본성을 지니게 됐을까요? 슈마허의 주장은 단순명쾌합니다. 물불 가리지 않는 경제성장이 바로 그 주범입니다.

오로지 더 많은 돈벌이, 곧 이윤 극대화만을 목표로 양적인 규모의 성장만을 추구하는 현대 산업사회 시스템은 '성장을 갈망하는 붙박이 장치'를 자기 안에 간직하고 있다. 이 시스템은 계속 성장하지 않으면 굴러갈 수 없다. 무슨 특별한 목표나 고결한 목적으로 성장을 추구하는 게 아니다. 그저 성장을 위한 성장을 계속할 뿐이다. 성장의 맨 나중 모습에 대해서는 누구도 묻지 않는다. 이제 그만하면 됐다는 '포화 지점'이나 '종착역'도 없다. 산업사회는 경제성장을 절대 변경할 수 없는 기계적인 것으로 확신한다.

슈마허는 특히, 산업사회에서 "인간은 자기가 원하는 것을 얻는 방법뿐만 아니라 자기가 원하는 것이 무엇인지도 모른 채 주저하고 의심하고 변덕을 부리고 그냥 여기저기 뛰어다닐 뿐"이라고 안타까워했습니다. 그 와중에 노동이 재미도 없고 의미도 없는 것으로 전락하는 것은 물론 사람의 인격 또한 망가질 수밖에 없습니다. 산업사회에서 노동은 자연과 동떨어진 기계적이고 인위적인 방식으로 이루어지니까요. 또한 가없는 인간의 잠재 능력 가운데 아주 미미한 부분만을 사용하도록 만드니까요.

사실 돌이켜보면 오랫동안 노동은 삶의 필수적인 한 부분으로서 인간의 삶 속에 깊숙이 들어와 있었습니다. 하지만 자본주의가 등장하고 산업사회가 뿌리내리면서 노동은 삶과 분리되어 상품이 되고 말았습니다. 자본주의 시스템 아래서 노동자는 자신의 노동력을 자본에게 팔고 그 대가로 임금을 받아 살아갑니다. 이렇게 삶과 한 몸을 이루고 있던 노동이 사고파는 상품으로 바뀌자 그동안 돈으로 사고 팔 수 없었던 수많은 다른 삶의 영역마저 돈으로 거래하는 상품으로 변하고 말았습니다.

우리는 이런 얘기를 '산 노동'과 '죽은 노동'의 비교를 통해서도 확

인할 수 있습니다. '산 노동'이 구체적으로 무엇을 뜻하는지는 이를테면 가비오타스 사람들이 하는 일을 떠올려 보면 짐작할 수 있을 듯합니다. 이곳에서 일은 기본적으로 이렇게 이루어집니다. 우선 이들이 일하는 목적은 돈을 많이 버는 게 아니라 자기 삶의 뜻과 이상을 이루고 자유를 누리기 위함입니다. 그래서 이들은 저마다 잘할 수 있는 일, 하고 싶은 일을 열심히 합니다. 그 결과 일이 기쁨이자 즐거움이 됩니다. 일이 자기 삶의 발전과 성숙을 이끌어 줍니다. 일과 삶이 서로를 밀어 주고 끌어 주며 하나로 통합됩니다. 또한 이들의 일은 서로 돕고 어우러지는 과정입니다. 저마다 다채롭게 지닌 능력과 열정을 함께 나누는 동시에 모으는 과정이기도 합니다. 그래서 이들의 일은

자기 자신뿐만 아니라 이웃과 공동체에 활력과 생기를 불어넣어 줍니다. 게다가 이 모든 것이 자연과의 조화 속에서 이루어집니다. '산 노동'이란 이런 것입니다.

이에 반해 '죽은 노동'은 단지 개인의 이기적 욕망을 채우고 물질적 대가를 더 많이 받기만을 원할 뿐입니다. 바로 자본주의 산업사회 아래서 이루어지는 노동이지요. 자본주의 산업사회 자체가 돈벌이와 이윤 극대화, 경쟁, 욕망 따위를 동력으로 하여 굴러가는 시스템이니까요. 그리고 이것들은 본디 탐욕적이고 파괴적이고 이기적인 속성을 지니고 있으니까요. 그래서 어쩌면, 오랜 세월 대다수 사람에게 자연스러웠던 '산 노동'이 '죽은 노동'으로 바뀐 것이야말로 산업사회와 자본주의 시스템이 인간 삶에 일으킨 가장 큰 비극적 변화라고 해야 할지 모릅니다.

그러니 이런 시스템 아래서 우리 인간은 어떻게 되는 걸까요? 슈마허의 말마따나 "도전할 가치도 없고, 자기완성을 위한 자극도 없으며, 발전 가능성이나 진선미(眞善美, 참됨과 착함과 아름다움)의 요소도 찾을 수 없는 노동에 평생을 허비하도록 종신형 판결을 받은 셈"이라고 할 수 있지 않을까요?

슈마허는 아울러 산업사회가 낳은 고질적인 악(惡)인 탐욕, 시기심, 경쟁심, 이기주의 같은 것들이 우리의 인격을 좀먹고 갉아먹는 주범이라는 점도 거듭 강조했습니다. 그의 목소리를 들어 보지요.

만약 탐욕과 시기심 같은 인간의 악덕(惡德)이 체계적으로 길러진다면 그것이 낳을 결과는 지성이 무너지는 것에 결코 못지않다. 탐욕이나 시기심에 따라 움직이는 사람은 사물을 있는 그대로 보는 능력, 즉 사물을 전체적으로 보는 능력을 잃어버리게 된다. 그래서 그의 성공은 곧 실패가 된다. 사회 전체가 이런 악덕에 오염된다면, 놀랄 만한 일은 해낼 수 있어도 일상생활의 가장 기본적인 문제는 점점 더 해결할 수 없게 된다. GNP가 아주 빠르게 늘어날 수는 있다. 그렇지만 인간은 그것을 체험하지 못하고 점점 더 좌절, 소외, 불안정 따위에 시달리는 자신을 발견하게 된다.

이런 얘기의 연장선에서 우리는 새삼 '얼마나 있어야 충분한가?' 또는 '얼마나 누려야 만족할까?'라는 문제를 떠올리게 됩니다. 여러분은 어떻게 생각하나요? 우리는 얼마나 많이 소유하고 소비해야 충분할까요? 우리는 얼마나 더 편리하고 안락해져야 만족할까요?

아마도 끝없는 경제성장을 떠받드는 입장에 선다면 '그래, 그만하자! 이만하면 충분하다.'고 달음박질을 멈출 만큼 풍요로운 사회는 결코 존재할 수 없을 것입니다. 멈추면 쓰러질 수밖에 없는 자전거처럼 무작정 끝도 없이 앞으로 달려야 하는 것이 지금의 자본주의 산업문명이니까요. 그렇지만 우리는 앞에서도 분명히 확인했습니다. 그런 식의 무한 성장은 원천적으로 불가능하다는 사실을 말입니다. 슈마허는 이런 신업사회를 "인간을 책임 있는 개인이 아닌 오직 '생산의 요소'로만 취급함으로써 노동자들의 삶을 해치고 낭비하게 만드는 중대한 악"이라고 규정했습니다.

돈을 위해서만 존재하는 시스템의 노예. 부질없고 의미 없는 노동의 포로. 갈증과 허기의 수렁에서 헤어나지 못하는 끝없는 욕망의 허수아비. 성장주의 산업사회에서 인간은 이렇게 길들고 있습니다. 그 결과 너나없이 한낱 '소비 기계'와 '생산 기계', 곧 '경제 동물'로 변질되고 있지요. 우리 삶이 안녕하지 못하고 우리 일상이 명랑하지 못한 가장 근원적인 까닭이 여기에 있습니다.

여기, '오래된 미래'를 보라

이쯤에서 살짝 쉬어가기도 할 겸 산업화가 사람과 삶에 어떤 변화를 일으키는지를 도드라지게 보여 주는 한 가지 사례를 소개하고자 합니다. 『오래된 미래』라는 책으로 잘 알려진 라다크라는 고장 이야기가 그것입니다.

라다크는 인도 서북부 히말라야의 험준한 고원 지대에 자리 잡고 있는 외지고 황량한 곳입니다. 특별한 자원도 없고 땅도 척박한 곳이지요. 기후마저 혹독합니다. 하지만 이런 곳에서 라다크 사람들은 천 년이 넘는 세월 동안 평화롭고 안정된 생활을 누려 왔습니다.

자연과 조화를 이루며 살아온 라다크 사람들은 대부분 농사를 지으며 자급자족했습니다. 서로 협동하며 살았지요. 자연의 리듬에 따라 사는 이들의 생활에는 늘 여유와 활기가 넘쳤습니다. 가난이나 실업이나 경쟁이라는 개념 자체가 없었고, 그래서 별다른 스트레스를 받을 일도 없었습니다. 이곳에서 가장 심한 욕설은 '화를 잘 내는 사람'이라는 말이었습니다. 이에서 보듯 여기 사람들은 즐거운 마음으로 노래 부르고 미소 띤 얼굴로 사람을 대하는 게 몸에 배어 있었습니다. 심지어 밭을 가는 짐승들에게도 노래를 불러 주곤 했지요.

이들은 남을 돕는 것이 자신에게 이익이라는 걸 잘 알고 있었습니다. 서로 돕는 경제, 더불어 살아가는 사회를 일구어 온 덕분이지요. 그 속에서 노인들은 어르신으로 존경받았습니다. 아이들 또한 누구의 자식이든 상관없이 모든 사람한테서 조건 없는 사랑과 보살핌을 받았습니다.

이처럼 이들의 삶의 뿌리는 깊고 튼실했습니다. 특히 이들은 전체적인 관계의 사슬 속에서 서로 이어지는 한 부분으로 살았습니다. 그래서 이들은 자신이 훨씬 더 큰 어떤 것의 한 부분이라는 것, 다른 사람을 비롯해 주변의 모든 것과 자기가 뗄 수 없이 연결돼 있다는 것을 잘 알고 있었습니다.

그런데, 이런 라다크에 1970년대 중반부터 변화의 바람이 밀어닥치기 시작했습니다. 인도 정부가 이곳을 개발하고 외부에 개방하기로 결정하면서부터입니다. 그 뒤 모든 게 바뀌었습니다. 그 한적했던 산골에 포장도로가 뚫렸고, 서구식 공장과 학교, 병원, 은행, 발전소, 비

라다크 틱세 사원

행장 따위가 속속 들어섰습니다. 외부 관광객도 끊임없이 몰려오기 시작했습니다. 시골에 살던 사람은 화려해진 도시로 몰려들었습니다. 도시에는 관광객을 대상으로 하는 호텔, 식당, 술집 같은 먹고 마시고 노는 시설이 빠르게 늘어났습니다. 빈민가도 생겨났습니다. 급기야 그 깨끗하던 자연도 환경오염으로 망가지기 시작했습니다.

이렇게 하여 라다크에도 아주 빠르게 현대 산업사회의 생활방식이 뿌리를 내리게 되었습니다. 그 덕분에 라다크 사람들의 생활은 물질적으로는 아주 편리해졌습니다. 하지만 이제 급속한 산업화와 함께 들어온 돈이 라다크를 지배하게 되었습니다. 이전에는 음식, 옷, 집을 비롯해 사는 데 필요한 거의 모든 것을 스스로 만들던 사람들이 이제는 바깥에서 들어온 상품에 의존하게 됐다는 얘기지요.

　그 결과 평온하고 조용하게 살던 사람들이 갑자기 돈을 많이 벌려고 안달복달하게 되었습니다. 마치 뭔가에 쫓기는 것처럼 별안간 바빠져 버렸습니다. 사람들의 마음도 달라졌습니다. 이제 라다크 사람들은 자신들이 너무 가난하다고 느낍니다. 또 자신들의 생활이 너무 원시적이고 비효율적이라고 여깁니다. 특히 젊은이들은 자신들의 전통과 문화를 부끄럽게 여기면서 열등감에 사로잡혔습니다.

　사람들 사이의 관계도 변했습니다. 더불어 살아가는 친구가 사라졌습니다. 이전의 친구가 이제는 돈벌이나 일자리를 놓고 서로 경쟁하는 사이가 되고 말았지요. 또 외부의 뭔가에 기대고, 다른 사람과 자신을 비교하면서 자꾸 조급해 하게 되었습니다. 그 와중에 노인과 아이가 한데 어울려 사는 대가족도, 사람들 사이를 이어 주던 끈끈한 정과 인심도 가뭇없이 사라지고 말았습니다.

　이전에 이들은 물질적으로 풍요롭진 않지만 큰 아쉬움 없이 자급자족하며 살았습니다. 하지만 이제는 "우리는 가난하기 때문에 개발을 해야 돼요."라거나 "우린 너무나 뒤떨어졌어요. 이제 밭에서 그렇게 힘들게 일하기 싫어요."라고 말합니다. 그런가 하면 이전에는 노래, 춤, 악기 연주, 연극 같은 것들을 스스로 할 줄 알고 또 즐기던 사람들이 이제는 텔레비전과 라디오를 끼고 살게 되었습니다. 공동체의 분열도 심각해졌습니다. 긴밀하게 연결돼 있던 사람들이 노인과 젊은

이, 부자와 가난한 사람, 불교를 믿는 사람과 이슬람교를 믿는 사람, 남성과 여성, 전문가와 일반 사람, 도시 사람과 시골 사람 등으로 갈라지고 말았지요.

라다크 이야기는 사람과 자연과 공동체를 동시에 망가뜨리면서 진행되는 서구식 산업화와 개발의 속살을 잘 드러내 보여 줍니다. 라다크에서 벌어진 일은 산업사회 아래서 인간이 어떤 처지로 내몰리는지를 탐색한 슈마허가 내린 결론과 다르지 않습니다. 인간의 존엄성과 품위, 그리고 명예가 깊은 상처를 입을 수밖에 없다는 것이 그것입니다.

좋은 하인? 나쁜 주인!

자, 그럼, 지금까지 해온 얘기를 한번 정리하고 넘어가겠습니다.

경제성장과 산업화 덕분에 우리는 물질적으로 윤택해졌습니다. 생활수준이 몰라볼 정도로 높아졌습니다. 이것은 분명한 사실입니다. 이처럼 극심한 가난과 굶주림에서 벗어나 생활의 안정을 찾는 것은 그 자체로서 필요하고도 소중한 일입니다. 극한의 빈곤이 강요하는 비참한 고통과 불안에 끝도 없이 짓눌리고 시달려서는 '인간다운 삶', 곧 '좋은 삶'을 누리기 힘드니까요.

하지만 맹목적인 무한 성장이 달콤한 목소리로 속삭이는 장밋빛 미래가 어둡고 불길한 진실을 감추고 있는 것이라면 어떨까요? 지금껏 살펴봤듯이, 경제성장이 물질의 풍요를 보장한다 해도 그것이 자연 파괴와 인간 파괴라는 무서운 재앙을 대가로 하여 얻어지는 것이라면, 미래는 더는 행복하지 않을 것입니다.

슈마허에게 경제성장이란 목적이 아니라 인간의 행복과 더 좋은 삶을 위한 수단이었습니다. 동시에 모든 생명의 토대인 자연의 한계 안에서 이루어져야 하는 것이었습니다. 그렇지만 현실은 반대입니다. 오늘날 인간은 자기 삶의 어엿한 주인이 아닙니다. 자본과 시장과 과학기술에 무기력하게 끌려다니고 있습니다. 자연은 성장의 도구이자 자원 공급 창고로만 취급되고 있습니다. 그 속에서 경제성장은 오로지 '성장을 위한 성장'이라는 무한 팽창의 외길을 치닫고 있지요. 바꾸어 말하면 '좋은 하인'이어야 할 돈이 '나쁜 주인'이 되어 버린 겁니다.

이런 현대 산업사회를 강력하게 지배하는 관념들을 슈마허의 논의를 길잡이 삼아 요약하면 다음과 같습니다.

- 모든 사물은 화폐라는 획일적 단위로 측정하고 계산하고 표현할 수 있다.
- 끝없는 성장은 가능할 뿐만 아니라 바람직하며, 경제성장과 과학기술 발전은 인류의 거의 모든 문제를 해결해 줄 것이다.
- 자연은 경제성장과 인간의 욕구 충족을 위해 무한정으로 착취하고 개발하고 이용해도 된다.
- 인간은 경제성장을 위해 쓰여야 할 '노동력'에 지나지 않는다.

● 행복과 삶의 질을 규정하는 핵심 요소는 물질의 소유와 소비다.

하지만 이런 생각에 따라 움직이는 사회가 낳은 결과는 장밋빛과는 영 딴판입니다. 내남없이 적자생존과 승자 독식의 전쟁터 같은 경쟁 속에서 부와 출세와 성공을 향한 사다리에 매달려 어떻게든 남들보다 한 칸이라도 더 먼저 기어오르려고 발버둥을 치는 게 우리가 사는 모습입니다. 오늘날 양극화와 불평등이 극도로 깊어진 것도, 민주주의와 정의가 갈수록 뒷걸음질 치는 것도, 참된 인간관계와 공동체가 무너진 것도, 그 뿌리를 더듬어 보면 산업사회의 거친 질주가 낳은 문제들이라고 할 수 있습니다. 환경 위기, 에너지·자원 위기, 식량 위기, 평화의 위기 등과 같은 '거대한 위험'들이 독버섯처럼 자라난 것 또한 산업사회의 산물이기는 마찬가지고요.

그래서입니다. 이제 우리는 무턱대고 앞으로 내달리기만 해서는 안 됩니다. 그렇게 달려가는 길의 끝에는 무엇이 기다리고 있는지, 그리고 도대체 왜, 무엇을 위해 달리는지를 되살펴봐야 합니다. 충분한 것을 너무 적다고 여기는 사람에게는 아무리 많은 것도 충분하지 않습니다. 참된 행복이란 무엇인지를 새롭게 고민해야 합니다. 그 행복에 이르는 길을 다시금 찾아 봐야 합니다.

아울러, 세상을 어떤 방향과 내용과 방식으로 바꾸어 나갈 것인지도 깊이 궁리해 봐야 합니다. 사람이란 본래 사회적 존재, 곧 관계적 존재입니다. 세상이 망가졌는데 나 혼자 온전할 수 있을까요? 세상 사람들이 불행한데 나 혼자 행복할 수 있을까요? 그러므로 세상을 바꾸는 것은 나 자신의 행복을 위해서도 반드시 필요한 일입니다.

이처럼 개인의 변화와 세계의 변화는 따로 노는 게 아닙니다. 사실은 하나로 깊이 맞물려 있습니다. 개인의 변화가 세상의 변화를 이끌어 내고 세상의 변화가 다시 개인의 변화를 북돋워 주는 이른바 '변화의 선순환'. 새로운 미래를 열어 갈 열쇠가 여기에 있습니다.

여러분, 지금까지 이야기는 현실을 진단하고 해부하는 것이었습니다. 산업사회와 자본주의로 상징되는 이 세상의 본질과 실상, 거기서 말미암는 여러 문제와 모순을 슈마허의 논의에 기대어 파헤쳐 보았지요. 이제부터 펼쳐질 이야기는 이런 논의를 바탕으로 새롭게 일구어 가야 할 미래의 꿈과 비전에 관한 것입니다. 그리고 그것을 이루기 위한 구체적인 대안에 관한 것입니다. 그럼, 이제부터 슈마허가 안내하는 그 새로운 미래의 숲을 함께 거닐어 볼까요?

3장

새로운 미래의 꿈

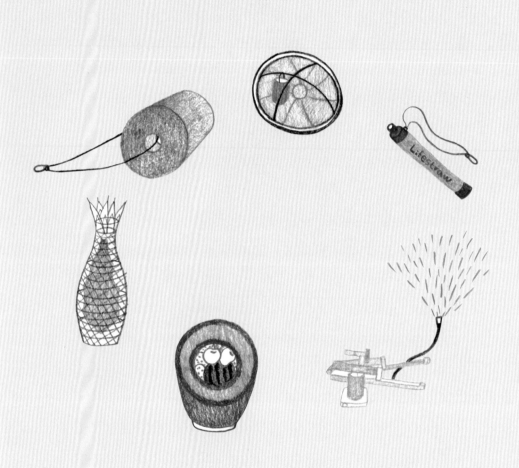

생명과 평화를
일구는 경제

나중에 온 이 사람에게도

기독교 경전인 신약 성서 「마태복음」 20장을 보면 포도밭 주인과
일꾼 이야기가 나옵니다. 널리 알려진 이 이야기의 줄거리는 이렇습
니다.

어느 날 포도밭 주인이 일꾼을 구하러 아침 일찍부터 집을 나섭니
다. 하루 품삯으로 한 데나리온(고대 로마 시대의 은화 단위)을 주기로
하고 일꾼들을 데려오지요. 주인은 오후 늦게까지 여러 번이나 장터
같은 데를 나가서 일꾼들을 불러 모아 포도밭으로 들여보냅니다. 이
윽고 해가 저물었습니다. 품삯을 줘야 할 시간입니다. 그런데 주인은
모든 일꾼에게 똑같이 한 데나리온씩 줍니다. 이에 아침 일찍부터 온
일꾼들이 주인에게 항의합니다. 나중에 늦게 온 자들은 한 시간만 일

했고 자기들은 아침부터 온종일 일했는데 어찌하여 저들에게도 똑같은 품삯을 주느냐는 얘기지요. 듣고 있던 포도밭 주인은 이렇게 대답합니다. "나는 잘못한 것이 없소. 나중에 온 이 사람에게도 당신과 똑같이 주는 것이 내 뜻이오."

자, 여러분은 이 이야기를 듣고서 어떤 생각이 드나요? 포도밭 주인의 얘기가 말도 안 되는 소리로 여겨지지 않나요? 일을 더 많이 한 사람, 곧 더 많이 '생산'한 사람이 더 많은 돈을 받는 게 당연한 일이니까요. 지금의 지배적인 상식이나 주류 경제학의 기준에 비추어 볼 때 이것은 도무지 이해할 수 없는 상황입니다.

하지만, 과연 그렇기만 한 걸까요? 이 이야기엔 무슨 뜻이 담긴 걸까요? 여기서 우리가 생각해 볼 것은, 현대 산업사회 시스템이 돌아가는 원리와 이 이야기의 무대인 고대 농업경제 사회가 돌아가는 원리가 서로 다르다는 점입니다.

현대 산업사회는 경제성장의 토대 위에서 굴러갑니다. 고대 농경사회는 한정된 물자를 바탕으로 운영됩니다. 그러니까, 아침 일찍부터 일한 사람에게 더 많은 품삯을 주지 않았다고 비난하는 것은 산업사회의 전제 조건인 끝없는 경제성장의 관점에서나 할 수 있는 얘기라는 거지요. 재화가 한정된 고대 농경사회에서 모두가 더불어 살려면, 다시 말해 공동체가 건강하고 지속 가능하려면, 더 많이 가진 사람이 양보하지 않으면 안 됩니다. 사회 전체가 가난이나 불편을 삶의 조건으로 받아들이면서 약자를 보듬어 안지 않으면 '함께하는 삶'이나 공동체의 존속이 이루어질 수 없다는 얘기지요.

　실제로, 이 이야기의 중간쯤엔 포도밭 주인이 '나중에 온 이 사람들'에게 "당신들은 왜 온종일 이렇게 하는 일 없이 빈둥거리고 있소?"라고 묻는 대목이 나옵니다. 이들은 이렇게 대답합니다. "아무도 우리에게 일을 시켜 주지 않아서 이러고 있습니다." 이 얘기를 듣고서 포도밭 주인은 이들이 일할 수 있도록 포도밭으로 불러들이지요. 나중에 온 이들은, 말하자면 실업으로 내몰린 노동자들을 가리켰던 셈입니다.

　그렇습니다. '나중에 온 이 사람들'은 사회경제적 약자의 다른 이름입니다. 마지막 남은 일자리라도 붙잡으려고 해 질 녘까지 인력 시장을 떠나지 못하는 노동자, 냉혹한 경쟁에서 밀려나 고통과 설움에 시달리는 사람들, 곧 불안하고 힘든 처지에 놓인 모든 사람이 '나중에 온 이 사람들'입니다.

　19세기에 활동했던 영국의 비평가이자 사회사상가인 존 러스킨*이 이 이야기에서 영감을 얻어 쓴 책이 있습니다. 이 책의 제목이 바로 '나중에 온 이 사람에게도'지요. 러스킨은 이 책에서 "사람이 추구해야 할 것은 더 많은 부가 아니라 더 소박한 즐거움이고, 더 큰 행운이 아니라 더 깊은 행복이다. 노동하는 삶이야말로 가치 있는 삶이다."라고 주장했습니다.

　이 책은 인도의 정신적 스승인 간디를 변화시킨 일로도 유명합니다. 1904년 간디는 남아프리카공화국 요하네스버그에서 더반으로 가

존 러스킨

는 열차를 탔다고 합니다. 영국에서 변호사 자격증을 딴 인도의 엘리트 지식인이 영국 식민지인 남아프리카공화국에서 변호사 생활을 막 시작한 때였지요. 그때 열차에서 읽었던 것이 바로 이 책이라고 합니다. 그리고 이 책에서 받은 깊은 감명을 간디는 나중에 자신의 자서전에서 이렇게 밝혔다지요. "한번 읽기 시작하자 놓을 수가 없었다. 나는 그날 밤 잠을 이룰 수 없었다. 나는 내 생활을 그 책의 이상에 따라

■ 존 러스킨(John Ruskin, 1819~1900)

영국의 예술비평가이자 사회사상가이다. 자연과학과 예술, 정치학, 경제학, 사회학에 이르는 다양한 분야를 공부했다. 미술비평, 건축비평 등 예술계에서 활동하다 중년 들어 사회경제 문제에 보다 큰 관심을 기울이면서 사회사상가로서의 활동에 집중하게 된다. 러스킨은 인간의 존엄성, 도덕, 정직, 애정, 신뢰 등을 강조하는 인도주의 경제학을 주장하면서 사회 개혁의 필요성을 역설하였다. 저서로 『나중에 온 이 사람에게도』, 『예술의 경제학』, 『근대 화가론』, 『베네치아의 돌』, 『티끌의 윤리학』 등이 있다.

바꾸기로 마음먹었다."

간디는 이런 깨달음에 따라 더반 교외에 땅을 마련해 '피닉스 정착촌'이라는 공동체를 세웠습니다. 여기서는 인종이나 종교에 관계없이 누구나 함께 어울려 소박한 삶을 누릴 수 있었습니다. 그리고 모두가 육체노동에 참여했습니다. 간디가 걸어간 '위대한 길'은 여기서 시작되었습니다.

나중에 온 이 사람에게도. 성서에 나오는 이 짤막한 이야기는 사람들 생각에 단단히 뿌리박고 있는 경제에 관한 고정관념과 통념을 깨뜨릴 실마리를 귀뜸해 줍니다. 그리고 그런 상투적인 생각을 넘어 경제는 물론 세상과 삶 전반에 대한 새로운 관점과 논리를 세우는 데 필요한 상상력을 일깨워 줍니다.

'덧없는 것'과 '영원한 것' 사이에서

포도밭 주인과 비슷하게 우리의 주인공 슈마허도 고정관념을 무너뜨리면서 새로운 영감을 불어넣어 줍니다. 그 가운데 대표적인 것이 불교 경제학입니다.

산업사회에 관한 슈마허의 성찰이 1954년 불교 국가인 버마 방문을 계기로 새로운 전환점을 맞았다는 얘기는 앞에서도 했습니다. 기억나나요? 거기서 그는 버마의 불교 경제와 자기가 살아온 서구 경제가 어떻게 다른지를 생생하게 깨달았습니다. 불교 경제는 최소한의 자원으로 꼭 필요한 재화만 생산하고 있었습니다. 서구 경제는 그 반대였습니다. 환경오염이 갈수록 심각해지는데도 대량으로 생산하고 대량으로 소비하고 대량으로 버리는 악순환 속에서 남아돌든 말든 마구잡이로 재화를 생산하는 게 서구 경제지요. 이에 슈마허는 참된 문명이라면 무엇보다 지속 가능해야 한다는 믿음을 깊이 벼리게 되었습니다. 그는 이렇게 말합니다.

불교 경제학은 재생 가능한 자원과 재생 불가능한 자원을 구별한다. 재생 가능한 자원에 토대를 둔 문명은 바로 그 점 때문에 재생 불가능한 자원에 토대를 둔 문명보다 우월하다. 왜냐하면 앞의 것은 지속 가능한 반면 뒤의 것은 지속될 수 없기 때문이다. 앞의 것은 자연과 협력하는 반면 뒤의 것은 자연을 강탈하기 때문이다. 앞의 것에는 생명의 기색이 있지만 뒤의 것에는 죽음의 기색만 남게 된다.

그래서 슈마허는, 참된 경제학은 자연에는 '한계'가 있다는 사실을 깊이 인식해야 한다고 봤습니다. 동시에 간디가 생각한 경제학처럼 '도덕'과 '영성'에 토대를 두어야 한다고 생각했습니다. "경제 발전도 오직 '어느 정도까지만' 건강하다. 삶의 복잡함도 오직 '어느 정도까지만' 허용 가능하다. 효율성과 생산성 추구도 오직 '어느 정도까지만' 좋다. 재생 불가능한 자원을 쓰는 것도 오직 '어느 정도까지만' 현명하다."는 그의 명료한 발언이 이를 잘 보여 주지요. 그러면서 슈마허는 "경제적 관점에서 볼 때 지혜의 고갱이는 지속 가능성, 곧 영속성이다. 오랫동안 지속될 수 없는 한, 경제적으로 의미 있는 것은 없다."는 점을 힘주어 강조했습니다.

오직 '어느 정도까지만'의 경제학. 이것이 바로 성장 신화에서 벗어나 인간의 참다운 행복과 '좋은 삶'을 추구하는 경제학, 곧 '인간의 얼굴'을 한 경제학입니다. 나아가 이것은 인간뿐만 아니라 모든 생명체의 바탕이자 근원인 자연 또한 핵심 요소로 고려하는 경제학이기도 합니다.

여러분, 그렇다면 슈마허는 물질적인 부(富)를 무조건 나쁜 것으로만 여겼을까요? 그건 아닙니다. 불교는 이른바 '중도(中道, The Middle Way)'를 중시합니다. 중도란 '어느 한쪽으로 치우치지 않는 바른 도리와 이치'를 뜻합니다. 이런 맥락에서 불교 경제학은 물질을 무조건 없애야 할 '악'이나 물리쳐야 할 '적'으로만 보지 않습니다.

그럼 슈마허가 나쁘게 여긴 건 뭘까요? 그것은 부 자체가 아니라 부에 집착하는 것입니다. 물질로 즐거움을 누리는 것 자체보다는 그것을 지나치게 탐하는 게 나쁘다는 거지요. 불교 경제학의 핵심이 소박함, 곧 단순함과 비폭력인 이유가 여기에 있습니다. 현대 주류 경제학은 더 많이 소비하는 사람이 그러지 못한 사람보다 부유하고 행복하다고 가정합니다. 하지만 불교 경제학은 다른 가르침을 전해 줍니다. 소비는 인간이 행복해지기 위한 수단에 지나지 않으므로 더 적은 소비로 더 큰 행복을 얻는 것을 목표로 삼아야 한다고 말입니다.

'가난'에 관한 생각도 그리 다르지 않습니다. 얼핏 슈마허 같은 사람은 가난을 덮어 놓고 좋은 것으로 추켜세웠으리라고 지레짐작하기 쉽습니다. 하지만 사실은 그렇지 않습니다. 슈마허는 육신과 영혼을 함께 유지하기에 충분할 만큼은 소유하지만 저축할 정도는 아닌 경우를 '가난'이라고 여겼습니다. 이에 견주어 육신과 영혼을 모두 유지할 수 없고 기본 생계조차 꾸리기 힘들어 정신마저 황폐해지는 것은 가난을 넘어 '비참한 불행'이라고 했습니다. 이것은 이 지상에서 없애야 할, 인간을 좀먹고 망가뜨리는 부도덕하고도 잘못된 것이지요.

슈마허가 얘기한 이른바 '가난의 문화'의 핵심은 '덧없는 것'과 '영원한 것'을 구분할 줄 아는 지혜입니다. 말초적이고 감각적인 쾌락을 추구하는 것은 덧없는 욕구 충족을 중시하는 생활방식입니다. 이에 반해 영원한 가치를 추구하는 것은 고귀하고 질 높은 욕구를 중시하는 생활방식입니다. 앞의 것은 물질 소비라는 측면에서만 보면 풍요로운 삶일 수 있습니다. 하지만 영원한 가치라는 맥락에서 본다면 굶주리고 헐벗은 삶입니다. 볼품없고 비천한 환경에서 그저 먹고 마시고 오락에 빠져 사는 삶이지요. 앞에서 살펴본 나우루 사람들처럼 말입니다. 뒤의 것은 덧없는 물질의 소비라는 측면에서 보면 검소한 삶일 수 있습니다. 하지만 영원한 가치로 본다면 늘 풍성함이 함께하는 삶입니다. 고상하고 질 좋은 환경에서 단출하고 소박하고 건강하게 사는 삶이지요. 앞에서 살펴본 가비오타스나 개발 이전 라다크 사람들처럼 말입니다.

　그러므로 현대 산업사회의 풍요에서 문제의 핵심은 덧없는 것은 지나치게 강조하는 반면에 영원한 것은 멸시한다는 점입니다. 인류를 지속 가능한 문명으로 이끌 '가난의 문화'는 이 우선순위를 뒤바꿀 때 가능해집니다. 덧없는 것으로 아무리 배가 불러도 그것이 영원한 것에 대한 굶주림을 대신해 줄 순 없으니까요. 재화는 인간 생존에 반드시 필요합니다. 하지만 재화가 인간을 타락시키는 게 아니라 인간의 삶을 건강하게 살찌우는 데 쓰이려면 우선순위를 바로잡아야 합니다. 소박하고 단순하고 검소한 삶의 방식이 중요한 까닭입니다.

소박함과 비폭력을 추구하는 불교 경제학

여기서 중요한 것은 소박함과 비폭력은 아주 밀접한 관계로 연결돼 있다는 점입니다. 자, 여러분, 생각해 보세요. 불교 경제학을 실천하는 사람이라면 비교적 적은 소비로도 높은 수준의 만족을 누릴 수 있다고 했잖아요? 그 결과 자연스레 압박감이나 긴장감, 경쟁의식이나 스트레스 같은 걸 훨씬 덜 느끼게 됩니다. 그러는 한편으로 "나쁜 일을 하지 않고 좋은 일을 할 수 있는" 가능성은 훌쩍 커지게 됩니다. 게다가 적은 자원으로도 욕구를 충족시킬 수 있는 사람은 많은 자원에 기대어 살아가는 사람보다 갈등이나 분쟁을 일으킬 가능성이 훨씬 낮습니다. 간디가 적절하게 말했듯이 이 세상은 사람의 '필요'를 위해서는 풍요로운 곳이지만 사람의 '탐욕'을 위해서는 궁핍한 곳이기 때문입니다.

소박함과 비폭력의 관계는 특히 경제와 자연의 사이에서 더욱 빛을 발합니다. 재생 불가능한 재화를 마구 캐내고 함부로 쓰는 것은 자연에 대한 대표적인 폭력 행위니까요. 자연에 대한 폭력은 사람들 사이에 폭력을 일으키는 원인이 되기도 합니다. 자원은 양적으로 제한돼 있을 뿐만 아니라 지구상에 불균등하게 묻혀 있어서 분쟁을 일으키기 십상이지요.

그럼, 여기서 이런 현실을 생생하게 보여 주는 한 가지 사례만 살펴볼까요?

시에라리온은 아프리카 서부 대서양 연안에 있는 인구 500만의 작은 나라입니다. 그런데, 조사 결과마다 조금씩 차이는 있지만 이 나라 사람들 평균 수명은 34살로 세계에서 가장 짧습니다. 갓난아기 사망률은 세계에서 가장 높고요. 뿐만 아니라 아이들의 3분의 1이 5살 이전에 죽고, 임산부 사망률은 세계 1위입니다. 인구 대비 장애인 수도 세계 최고입니다. 이 나라에 대체 무슨 일이 있었던 걸까요?

주범은 다이아몬드입니다. 시에라리온은 세계 10대 생산국에 들 정도로 다이아몬드가 많이 묻혀 있는 나라입니다. 그런데 이 나라에서 반군과 정부군 사이에 끔찍한 전쟁을 불러일으킨 원흉이 바로 다이아몬드입니다.

1991년 반군 세력이 이웃 나라인 라이베리아의 도움을 받아가면서

시에라리온 내전으로 파괴된 학교

다이아몬드 광산을 점령하기 시작했습니다. 이렇게 시작된 내전은 이후 10년이 넘도록 계속됐습니다. 전쟁 중에 벌어진 갖가지 만행은 잔인하기로 악명이 높습니다. 대표 사례가 소년병입니다. 수많은 아이와 청소년이 강제로 전쟁터로 끌려갔습니다. 내전이 벌어진 10여 년 동안 7만 5,000명이 죽었고, 2만 명의 팔다리가 잘리고 말았지요. 집을 잃고 전쟁 난민이 된 사람은 자그마치 200만 명에 이르고요.

내전은 이제 끝났습니다. 하지만 비극은 끝나지 않았습니다. 이 나라에서 다이아몬드를 팔아서 생기는 막대한 돈은 국민을 위해 쓰이지 않습니다. 그 돈의 대부분은 다이아몬드의 생산과 유통을 틀어쥐고 있는 서구 거대 기업, 그리고 이 나라의 부패한 관리와 정지인 주머니로 들어갑니다. 이곳의 다이아몬드를 장악하고 있는 서구 기업은 시에라리온에서 아주 싼값으로 다이아몬드 원석을 사들인 뒤 그것을 보석으로 가공해 전 세계에 아주 비싼 가격에 팝니다. 정작 시에라리온 국민은 자기 나라의 다이아몬드 탓에 엄청난 희생과 고통을 당하는 데 반해 이 기업은 그 덕분에 돈을 쓸어 담고 있는 겁니다. 이곳의 다이아몬드가 '피로 얼룩진 다이아몬드'라 불리는 까닭이지요.

한데, 무분별한 자원 개발이 단지 전쟁을 일으키기 때문에만 폭력적일까요? 자연에 기대어 살아가는 세계 각지 민중의 삶의 터전과 생존권을 파괴한다는 측면에서도 이것이 폭력적이기는 마찬가지입니다. 아시아, 아프리카, 라틴아메리카 곳곳에서 이런 일들이 숱하게 벌어지고 있지요. 지구촌 경제를 쥐락펴락하는 거대 기업들은 자기들이 지닌 막강한 힘으로 자원 개발을 거칠게 밀어붙입니다. 그 과정에서 본래 그곳에 살고 있던 원주민은 삶터에서 강제로 쫓겨나기 일쑤입니다. 오랜 세월 자연이 아낌없이 제공해 주던 생존 수단을 빼앗기는 경우도 수두룩하고요. 슈마허가 "재생 불가능한 자원을 함부로 사용하는 것은 그 자체로서 일종의 폭력 행위다."라고 단호하게 지적한 이유가 여기에 있습니다.

불교 경제학은 재생 불가능한 재화는 오로지 피할 수 없는 경우에만 사용되어야 한다고 주장합니다. 더구나 그럴 때마저도 이것을 보존하기 위해 세심한 배려와 주의를 기울여야 한다고 강조하지요. 자,

여러분, 이제 불교 경제학의 얼개가 그려지나요? 그렇습니다. 사람과 자연을 함께 살리는 '생명의 경제학'. 이 지상에 난무하는 갖가지 폭력을 없애고자 하는 '평화의 경제학'. 슈마허가 주창한 불교 경제학의 깃발에 가장 선명하게 새겨진 슬로건이 이것입니다.

자동차와 소는 어떻게 다른가

여태껏 보았듯이 슈마허가 구상한 새로운 경제에서 자연은 아주 큰 몫을 차지하고 있습니다. 그 가운데서도 슈마허는 특별히 땅과 농업 이야기를『작은 것이 아름답다』에서 상세하게 풀어 놓고 있습니다.

슈마허는 '토지를 어떻게 이용할 것인가?' 하는 것은 기술적이거나 경제적인 문제가 아니라 '형이상학적'인 문제라고 규정합니다. 형이상학이란 사물의 본질이나 존재의 근본 원리를 탐구하는 학문입니다. 그만큼 깊고 중대한 철학적 문제라는 얘기지요. 그의 얘기를 들어보겠습니다.

토지와 그 위에 살고 있는 생명체는 물론 생산수단, 즉 목적을 위한 수단이다. 그러나 이 특성은 부차적인 것이지 일차적인 게 아니다. 무엇보다도 토지와 생명체는 목적 자체이다. 어떤 의미에서는 신성하다고 말할 수도 있다. 인간은 이것들을 만들어 내지 못한다. 자기가 만들 수도 없고 한번 파괴되면 다시 창조할 수도

없는 것을 지기기 만든 것과 똑같은 방식과 정신으로 다루는 깃

은 옳지 않다.

슈마허는 자동차와 소를 비교해 보자고도 제안합니다. 자동차는 그

냥 쓰다가 버리면 그만입니다. 인간이 만든 자동차 같은 물건에는 신

성함이 깃들어 있지 않기 때문입니다. 하지만 소는 어떨까요? 소는

엄연히 살아 있는 생명체입니다. 이런 존재를 단순히 인간 중심의 효

용이라는 잣대로만 취급해도 될까요? 그냥 쓰다가 버려도 될까요?

슈마허는 이런 질문에 대해 과학적 해답을 찾는 것은 쓸모없는 짓

이라고 따끔하게 충고합니다. 이것은 형이상학적인 질문이지 과학적

인 질문이 아니기 때문입니다. 달리 말하면, 자동차와 소의 근본적인

차이, 곧 '존재 수준'의 차이를 무시한 채 단순히 이 둘을 효용 계산에

따라 같은 것으로 취급하는 것은 큰 잘못이라는 얘기지요.

인간은 동물보다 우월한 존재이므로 동물을 학대하거나 죽여도 될

까요? 슈마허는 오히려 정반대라고 반박합니다. "인간은 동물보다 훨

씬 높은 존재다. 그러므로 동물에 대해 최대한의 동정심을 느낄 수 있

고 또 느껴야 한다. 할 수 있는 모든 방식으로 동물에게 착하고 어진

일을 베풀 수 있고 또 베풀어야 한다."는 게 그의 주장입니다.

뿐만 아니라 슈마허에 따르면, 동물에 대한 이런 태도는 대지 자체

에도 똑같이 적용되어야 합니다. 실제로, 그의 지적이 아니더라도 대

지의 가치를 깊이 인식한 곳에서 건강하고도 지속 가능한 문명이 꽃

알도 레오폴드

을 피웠다는 것은 잘 알려진 사실입니다. 우리는 여기서 '환경 윤리의 아버지'라 불리는 미국 생태학자 알도 레오폴드˙가 1949년에 펴낸 대표작 『모래 군(郡)의 열두 달』에서 했던 얘기를 새삼 떠올리게 됩니다. 자연을 인간도 함께 속하는 '생명 공동체'로 보는 시각의 대전환이 필요하다고 강조한 그는, 인간한테만 적용됐던 윤리를 동식물은 물론 대지에까지 넓혀서 적용해야 한다고 주장하면서 이렇게 말했습니다.

■ 알도 레오폴드(Aldo Leopold, 1887~1948)
미국의 환경학자이자 생태학자로서 환경운동 초기의 선구자적인 인물이다. 삼림 공무원, 임산물 시험소 부소장, 야생동물 관리학 교수 등을 역임하였다. 생애 마지막 10년 동안 쓴 자연 에세이 『모래 군(郡)의 열두 달』(1949)은 미국 환경보호 운동의 고전이 되었다.

바람직한 토지 이용을 오직 경제적 문제로만 생각하지 말라. 낱낱의 물음을 경제적으로 무엇이 유리한가 하는 관점뿐만 아니라 윤리적이고 심미적(아름다움을 살펴 찾는 것)으로 무엇이 옳은가의 관점에서도 검토하라. 생명 공동체의 통합과 안전, 그리고 아름다움의 보전에 이바지한다면, 그것은 옳다. 그렇지 않다면 그르다.

슈마허의 견해와 상당히 비슷하지요. 땅에 대한 이런 생각을 바탕으로 슈마허의 논의는 이제 농업에 대한 얘기로 나아갑니다. 슈마허가 생각한 농업의 기본 원리는 생명, 곧 살아 있는 존재를 다룬다는 것이었습니다. 먹거리를 비롯한 모든 농업 생산물은 생명 과정의 결과이며, 이것의 생산수단은 살아 있는 토지라는 얘기지요.

그런데, 이에 견주어 근대 산업의 기본 원리는 무엇이던가요? 그것은 소 같은 생명이 아니라 자동차 같은 인간이 만들어 낸 것을 다룬다는 데 있습니다. 그래서 근대 산업은 되도록 생명체를 배제하려고 합니다. 심지어는 그렇게 살아 있는 요소를 최대한 배제한 뒤 생산 과정을 기계에 맡기는 것이 근대 산업의 꿈이지요. 문제는, 오늘날 농업을 지배하는 것이 농업 본래의 원리, 곧 생명과 대지의 원리가 아니라 산업의 원리, 곧 상품과 기계의 원리라는 사실입니다. 대규모 기계화, 농약과 화학비료의 마구잡이 사용 따위로 상징되는 현대 석유 농업이 이를 또렷이 보여 주지요.

변함없는 진실은 농업이 기본이고 산업은 부차적이라는 것이다. 인간은 산업이 없더라도 살 수 있다. 하지만 농업이 없으면 살 수 없다. 인간의 문명 생활은 농업 원칙과 산업 원칙 사이의 균형을 필요로 한다. 사람들이 농업과 산업의 본질적인 차이를 깨닫지 못하고 농업을 단순히 또 다른 산업으로 취급하면 이 균형은 필연적으로 깨질 수밖에 없다. 이 둘 사이의 차이는 삶과 죽음만큼이나 큰데도 말이다.

그렇습니다. 슈마허가 진단한 대로 현대 산업사회의 농업은 효율성과 생산성을 가장 중요하게 여깁니다. 이를 위해 산업형 농업에서는 공업의 원리를 농업에 적용합니다. 그 결과 농토를 살아 있는 대지가 아니라 거대한 공장으로 여깁니다. 똑같은 물건을 대량으로 제조하는 공장의 기계적 생산 방식으로 먹거리를 생산하지요. 동물 또한 고기를 생산하는 기계 부품 같은 것으로 취급합니다. 현대 축산업에서 끔찍한 동물 학대와 학살이 무시로 벌어지는 건 그 당연한 결과지요. 이런 시스템 아래서 자연은 생산을 위한 '원료 제공자'일 뿐입니다. 사람은 노동력을 대 주는 '생산의 도구'일 뿐이고요.

그리하여 이제 슈마허는 이런 산업형 농업을 넘어 토지 관리와 농업의 새로운 목표를 제시합니다. 건강, 아름다움, 영속성의 세 가지가 그 핵심입니다. 그는 이 세 가지를 충실히 이룬다면 또 다른 목표인 생산성은 그 부산물로서 손에 넣을 수 있다고 주장했습니다. 산업사회의 이른바 전문가들은 생산성만을 진정한 목표로 여기지만 말입니다.

　슈마허는 농업의 새로운 세 가지 과제도 밝히고 있습니다. 첫째, 자연과 인간의 관계를 건강하게 유지할 것. 둘째, 인간의 서식지를 고귀하게 만들 것. 셋째, 적당한 생활에 필요한 식량과 기타 원료를 생산할 것. 그러고선 이런 말을 덧붙입니다.

　이 가운데 세 번째 과제만을 인정하면서 이 과제를 무자비할 정도로 폭력적인 방법으로 추구하고 있는 문명, 그래서 다른 두 과제를 무시할 뿐만 아니라 체계적으로 반대하는 문명이 장기적으로 존속할 것이라고 믿지 않는다.

　여기서 다시금 떠올리게 되는 것이 앞에서 언급한 메타 경제학의 관점입니다. 좀 전에 토지를 어떻게 사용할 것인가 하는 문제는 기술적이거나 경제적인 문제가 아니라 철학적인 문제라고 했습니다. 여러분, 누군가를 사랑하거나 무언가를 돌보는 것이 좋은 일이라는 걸 굳이 과학적으로 증명해야 할까요? 인간이 인간을 죽여서는 안 된다는 것을 굳이 논리적으로 증명해야 하나요? 우리는 이런 것을 '그냥(!)' 압니다. 직관이나 본성으로 안다는 얘기지요. 마찬가지로 땅이, 땅의 사용과 관리가, 땅의 건강과 미래가 이런 가치에 속한다는 게 슈마허의 견해입니다. 이것은 철학이고 믿음입니다. 생명을 그 자체로서 목적으로 여기는 가치관과 신념입니다.

'작은 것'은 왜 아름다울까

자, 이쯤에서 한 가지 질문을 던져 보지요. 슈마허가 책 제목을 '작은 것이 아름답다'라고 붙인 데에는 구체적으로 어떤 의미가 담겨 있을까요?

이 질문은 이제까지의 논의와 긴밀하게 이어지는 것이기도 한데, 먼저 밝혀 두고 싶은 게 있습니다. 슈마허가 무작정 '작은 것'만을 찬양한 것은 아니라는 게 그것입니다. 그는 이를테면, 작은 조직의 자율과 자유도 필요하지만 동시에 큰 조직의 통일성과 질서도 필요하다고 생각했습니다. 규모 문제에 관해 "여러 다른 목적이 있을 때는 여러 다른 조직들, 이를테면 큰 조직과 작은 조직이 모두 필요하다. 어떤 규모가 적당한가는 우리가 하고자 하는 것이 무엇인가에 달려 있다."라고 말한 적이 있기도 하지요.

어떻든, 이런 슈마허가 '작은 것이 아름답다'를 제목으로 내건 이유는 한마디로 산업사회와 현대 문명의 가장 중요한 특성을 '거대주의'에서 찾았기 때문입니다. 또한 오늘날 대다수 사람이 거대주의에 대한 우상숭배로 큰 고통을 당하고 있기 때문입니다.

오늘날 산업사회와 현대 문명은 '거대한 것'을 추구합니다. 이런 거대주의는 종종 기계화와 짝을 이루기도 합니다. 기계는 사람처럼 실수를 저지르지 않습니다. 불평불만을 늘어놓거나 저항하지도 않습니다. 잠시도 놀리지 않고 계속 부려먹을 수 있는 게 기계지요. 산업사회가 대형화와 기계화를 추구하는 까닭이 여기에 있습니다. 산업사회의 대량 생산 시스템은 이렇게 해서 등장했고 또 뿌리를 내렸습니다.

하지만 이런 시스템 아래서 사람은, 특히 팔 것이라고는 자신의 노동력밖에 없는 노동자들은 어떻게 될까요? '힘'을 빼앗기고 존엄성이 훼손될 수밖에 없지 않을까요? 생산을 비롯해 어떤 일이나 활동을 주도하는 것이 사람이 아니라 기계와 자본이니까요. 슈마허는 『내가 믿는 세상』이라는 책에서 이렇게 쓰고 있습니다.

공장은 사람이 아닌 기계들의 집으로 지어진 것이다. 사람이 기계처럼 된 만큼 기계는 사람처럼 되었다. 인간이 로봇이 되는 동안 기계는 생명의 박동을 한다. 너무나 많은 사람이 조직 안에 갇히고, 그 조직은 엄청난 크기로 사람을 자꾸만 작고 무기력하게 만든다. 이런 식의 기계화 아래서 사람들의 힘은 꺾이고 마비된

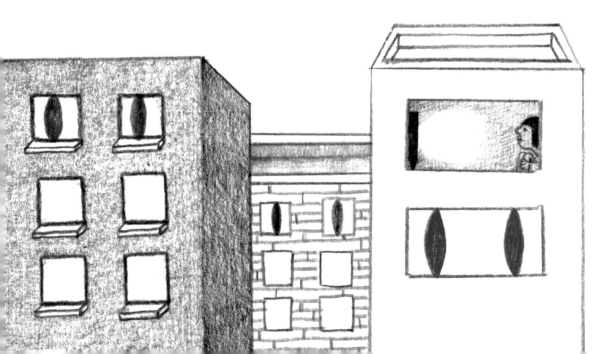

다. 이제 인간적 소통이 가능한 적당한 크기, 안성맞춤의 크기가 중요하다. 클수록 좋은 건 결코 아니다. 거대주의 중독에서 벗어나 훨씬 더 작은 단위로 생각하는 데 익숙해져야 한다. 사람들의 힘은 작은 규모에서 발휘될 수 있다.

실제로, 큰 조직은 사람들이 도덕적으로 행동할 수 있는 자유를 제한할 때가 많습니다. 규모가 큰 만큼 갖가지 규칙, 규정, 규제 같은 것들이 많아서 이것들이 사람을 억누르게 되지요. 예를 들면, 우리는 관료 사회 같은 큰 조직에 속한 사람들한테서 종종 이런 말을 듣습니다. "미안합니다. 제가 하는 일이 옳지 않다는 건 알지만 이건 위에서 내

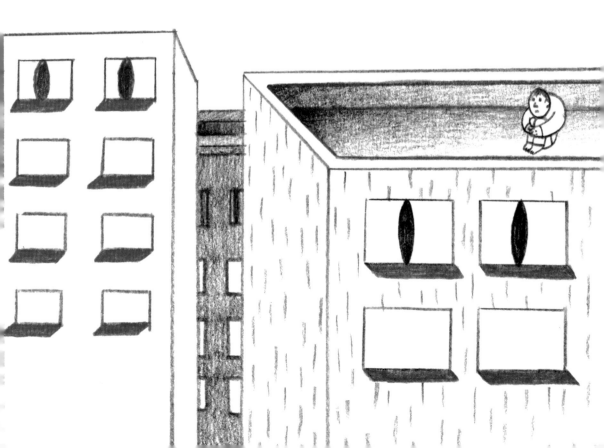

러온 지시 사항입니다." "이 규정에 문세가 있다는 건 알고 있습니다. 하지만 저는 조직으로부터 월급을 받는 사람이라 이것을 따를 수밖에 없습니다."

이런 식으로 거대 조직은 어리석거나 부도덕하거나 비인간적으로 움직일 때가 많습니다. 슈마허에 따르면, 잘못은 사람이 아니라 조직의 크기에 있습니다. 그가 재치 있게 비유했듯이, 이런 경우에 사람에게 책임을 돌리는 것은 자동차가 배기가스를 배출한다고 해서 운전자를 나무라는 것과 같습니다. 천사라도 공기를 더럽히지 않고서 운전할 순 없는데 말입니다.

그래서 슈마허는 거대주의와 기계화의 경제학에는 오늘날 현실 문제를 해결할 수 있는 능력이 전혀 없다고 비판합니다. 거대주의와 기계화는 경제력을 점점 더 집중시키고 환경을 점점 더 많이 파괴합니다. 이것은 '진보'가 아니라 '지혜에 대한 부정'이라는 게 슈마허의 주장입니다. 그러면서 다시 한 번 인간을 중심에 놓는 새로운 관점의 중요성을 강조합니다. 이렇게 해서 나온 것이 '대량 생산이 아닌 대중에 의한 생산'이라는 슬로건입니다. 대량 생산은 거대주의와 기계화의 산물입니다. 하지만 대중에 의한 생산은 살아 있는 인간이 하는 일입니다. 그리고 이런 인간은, 슈마허가 얘기한 것처럼, 서로 이해할 수 있는 소규모 집단에서만 자기 정체성을 지킬 수 있습니다.

산업사회 아래서 거대주의의 문제를 잘 드러내는 것을 또 하나 꼽으라면 단연 과학기술입니다. 오늘날의 과학기술 연구와 개발은 국가

나 기업 같은 '거대한 것'의 지원 없이는 제대로 이루어지기 어렵습니다. 과학기술이 발전을 거듭하면서 새로운 과학기술을 연구하고 개발하는 데 비용과 자원과 인력이 엄청나게 많이 들게 된 탓입니다. 그 결과 오늘날 과학기술은 흔히 '거대과학' 또는 '거대기술'로 불립니다. 오늘날 과학기술이 국가의 권력 논리나 기업의 이윤 논리에 휘둘릴 때가 많은 것도 이 때문입니다. 과학기술이 권력과 자본의 '시녀'가 되었다는 비판이 공공연히 나올 정도지요. 그 와중에 거대 과학기술의 부정적이고 파괴적인 속성이 갈수록 두드러지게 나타나고 있는 게 지금의 현실입니다.

'큰 것'을 숭배하는 우리 시대의 이런 거대주의에 맞서 슈마허는 '작은 것'을 강력하게 옹호합니다. 그는 "작은 것은 자유롭고 창조적이며 효율적이다. 뿐만 아니라 편하고 즐겁고 지속적이다."라고 말합니다. 경제도 다르지 않습니다. 그는 인간이 스스로 조절하고 통제할 수 있을 정도로 자그마한 경제 규모를 유지하는 게 중요하다고 생각했습니다. 예를 들자면, 시멘트를 해마다 50만 톤씩 생산하는 거대한 공장을 하나 세우는 대신 연간 몇천 톤의 생산 규모를 갖춘 100개의 작은 공장을 자원과 수요가 있는 여러 지역으로 분산시켜 짓는 게 훨씬 더 인간적이고 지혜로운 일이라는 거지요.

러시아 작가 톨스토이는 일찍이 "만약 당신이 우주가 되고자 한다면 당신의 마을을 노래하라."고 말했습니다. 우주는 무한히 큽니다. 마을은 아주 작습니다. 진정으로 큰 것은 작은 것에서 시작됩니다. 큰

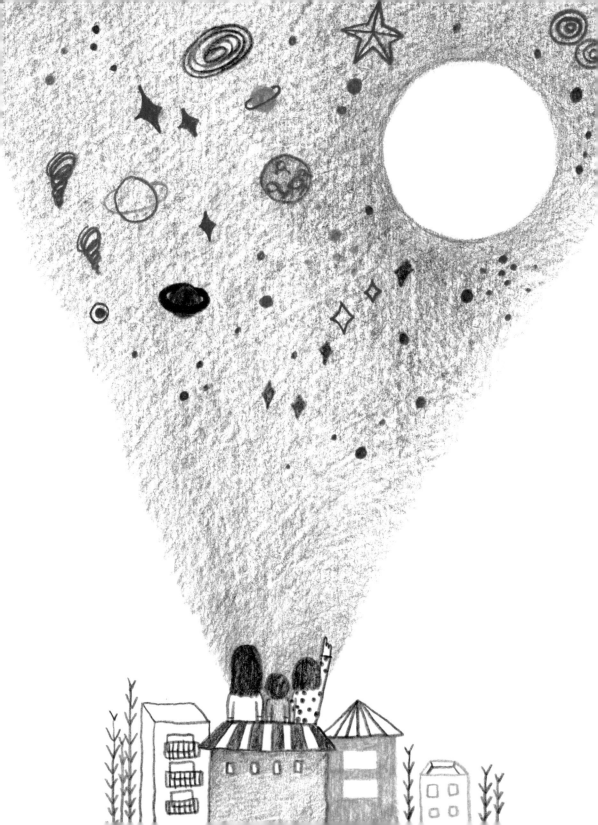

것은 작은 것을 주춧돌과 기둥으로 삼아야만 제대로 아름답고 위대한 것이 될 수 있습니다. 숲에 떨어진 작은 빗방울들이 모여 시냇물을 이루고, 그 시냇물이 모여 큰 강을 이루며, 그렇게 만들어진 수많은 강이 흘러들어 거대하고도 장엄한 바다를 이루듯이 말입니다.

핵심은 중도

이제 이 장을 마무리해야겠네요. 새로운 이야기로 넘어가기 전에 슈마허 경제학의 주요 내용을 한번 정리해 보지요.

- 새로운 경제학은 '인간의 얼굴'을 한 인간 중심 경제학이다.
- 새로운 경제학은 자연의 '한계'를 깊이 인식하고 지속 가능성을 최고 가치로 추구하는 생명의 경제학이다.
- 새로운 경제학은 소박함과 비폭력을 핵심 원리로 하는 평화의 경제학이다.
- 새로운 경제학은 거대주의에 맞서는 '작은 것'의 경제학이다.
- 새로운 경제학은 균형 잡힌 지혜와 정신적·도덕적 가치를 중시하는 '중도'의 경제학이다.

이처럼 슈마허는 기존의 현대 주류 경제학을 뛰어넘고 가로질러 질적으로 더 높고 깊은 차원에서 새로운 대안의 경제학을 세우고자 했습니다. 나아가 그것을 비탕으로 새로운 세상, 새로운 문명을 꿈꾸었습니다. 인간과 자연과 사회가 사이좋게 어깨동무하고 삶의 참된 자유와 행복이 꽃피어나는 사회가 그것이지요. 그리고 그것은 '새로운 인간'에 대한 염원이기도 했습니다.

사실, 지금은 슈마허의 주장들이 아주 낯설지는 않게 되었습니다. 예를 들면, 경제학만 보더라도 환경 위기나 자원 고갈 문제, 지속 가능성의 가치 등을 중요한 연구 과제로 삼는 환경 경제학, 생태 경제학, 녹색 경제학 같은 갈래들이 나름의 흐름을 이루고 있습니다. '지속 가능한 발전' 등과 같은 말이 널리 쓰이고 있기도 하고요. 이처럼 슈마허의 이론과 사상은 오랜 세월에 걸쳐 세상을 바꾸고 사람들 생각을 변화시키는 데 요긴한 마중물 구실을 했습니다. 우리 모두 그에게 톡톡히 빚지고 있는 셈이지요.

그런데, 여기서 한 가지 궁금증을 품을 법도 합니다. 혹시 슈마허의 경제학은 무한 성장, 물질의 풍요, 탐욕적인 소비, 자원 낭비 같은 것들과는 거리가 멀었던 옛날 전통사회로 되돌아가자는 것은 아닐까, 라는 의문이 그것입니다.

결론부터 말하면 그렇지 않습니다. 슈마허는, 불교 경제학은 현대 산업사회의 성장과 옛날 전통사회의 정체(停滯) 사이에서 선택하는 문제가 아니라고 분명히 말합니다. 그러니까, 웅덩이에 고인 물처럼 마냥 머물러 있고 막혀 있는 상태의 옛날로 퇴행하자는 게 결코 아니라는 얘기지요. 중요한 것은 둘 가운데 어느 하나를 선택하는 게 아님니다. 둘 사이에서 올바른 발전과 변화의 길, 곧 앞에서 언급한 '중도'를 찾는 일이 핵심입니다. 가령, 극심한 가난이나 굶주림에서 벗어나 필요한 만큼 생활수준을 높이면서도, 동시에 참다운 해방이나 내면의 깊은 평화와 만족을 누리며 사는 게 그런 보기가 되겠지요.

　슈마허가 이 중도를 찾는 길에서 남다른 공을 들인 것이 이른바 '중간기술'입니다. 옛날 전통사회의 뒤떨어진 기술보다는 더 생산적이고 효율적이고 강력한 힘을 발휘하는 동시에, 현대 산업사회의 거대하고 복잡한 기술보다는 훨씬 값싸고 단순하고 대중적인 기술이 중간기술입니다. 양쪽의 장점은 취하되 단점은 버림으로써 말 그대로 둘 사이의 '중도'를 지혜롭게 찾자는 뜻이지요. 기술 앞에 '중간'이라는 수식어를 붙인 까닭이 여기에 있습니다. 이어지는 이야기가 바로 이 중간기술을 포함한 슈마허의 과학기술론입니다.

겸손과 지혜의
과학기술을 위하여

기적을 일으키는 또 하나의 방법

인도 북서부 라자스탄 주는 비가 아주 적게 오고 가뭄 피해가 큰 곳
으로 악명이 높습니다. 이 지역의 대부분은 먼지가 풀풀 날리는 메마
른 땅입니다. 하지만 여기서도 색다른 곳이 있습니다. 주도(州都)인
자이푸르 시 근처에 있는 알와르라는 고장이 그렇습니다. 이곳은 다
른 곳과는 달리 밭은 물에 촉촉하게 젖어 있고, 들판은 푸르고, 사방
이 나무에 둘러싸여 있습니다. 다른 데서는 물이 모자라 비명을 지르
는 터에 유독 이곳만 물이 넉넉한 이유는 뭘까요?

  이야기는 1985년으로 거슬러 올라갑니다. 그해에 어느 젊은이가
이 지역에 보건 담당 공무원으로 부임했습니다. 와서 지역을 둘러보
니 기가 막혔습니다. 수많은 아이가 영양 결핍에 시달리고, 하루 한

끼밖에 못 먹는 아이들이 수두룩했으니까요. 가장 큰 이유는 물 부족이었습니다. 땅이 바짝 말라 버려 농사를 제대로 지을 수 없었던 거지요.

물론 비가 오지 않는 건 아닙니다. 그렇지만 아무리 비가 내려도 땅 위로만 빗물이 흐를 뿐 지하수층은 채워지지 않았습니다. 물이 땅 밑에 저장되어야 오래도록 쓸 수 있는데 말입니다. 이곳에선 농사짓는 전체 땅의 불과 3퍼센트에만 물 대는 게 가능했다지요. 그 바람에 농업을 바탕으로 하는 마을 경제는 결딴날 수밖에 없었습니다. 그렇게 먹고살 길이 막막하니 남자와 젊은이 들이 대도시로 떠나는 건 당연한 일이었고요. 마을 전체가 죽어 가고 있었지요.

그러던 어느 날, 그 젊은 공무원은 귀가 번쩍 뜨이는 얘기를 듣게 됩니다. 옛날 이 지역에는 빗물을 모아 땅속에 스며들게 하려고 초승달 모양으로 진흙 제방을 쌓아 만든 '조하드(johad)'라는 오목한 땅이 있었다는 사실을 나이 지긋한 어느 주민이 알려 준 겁니다. 일종의 소규모 저수지인 셈이지요. 여기에 모인 물은 땅 위에만 머무는 게 아니라 땅 밑으로도 스며듭니다. 그럼으로써 농사짓는 데 필요한 지하수를 넉넉하게 채워 줍니다. 제방은 홍수가 났을 때 피해를 줄여 주는 구실도 하고요. 그뿐만이 아닙니다. 조하드는 마을에서 손쉽게 구할 수 있는 진흙으로 만드는 덕분에 돈도 거의 들지 않습니다. 게다가 별다른 전문가의 도움 없이 마을 사람들이 직접 만들고 관리할 수 있습니다. 이처럼 이 지역에서는 오래 전부터 지혜로운 방식으로 물을 관리하고, 농사를 짓고, 자연 생태계를 지켜 왔습니다.

하지만 인도를 식민지로 빼앗은 영국 사람들은 물이 고이는 조하드가 위생에 좋지 않다면서 대부분을 메워 버렸습니다. 1947년 독립한 뒤에는 인도 정부가 지역 공동체를 파괴하는 근대화 정책을 펼치면서 조하드를 망가뜨렸고요. 특히 20세기 들어서는 국가와 거대 자본이 주도하는 대형 댐 건설을 비롯해 대규모 물 개발 사업이 크게 유행했습니다. 그 결과 마을 공동체 단위에서 이루어지던 물 관리 제도는 시대에 뒤떨어진 것으로 손가락질당하며 대부분 밀려나고 말았습니다. 이곳의 물 사정이 급격히 나빠진 건 그 필연적인 결과지요.

그 젊은 공무원은 조하드 얘기를 듣자마자 '아, 이게 답이구나.' 하는 느낌이 직감적으로 들었습니다. 조하드를 다시 만드는 길고도 험난한 여정은 그렇게 시작됐습니다. 조하드를 다시 만들자는 제안에 주민들의 첫 반응은 시큰둥했습니다. 하지만 그 공무원은 포기하지 않았습니다. 자기가 직접 만들기로 결심했지요. 마을 사람들이 휘둥그레진 눈으로 지켜보는 가운데 그는 뙤약볕 아래서 매일 10시간 넘게 혼자서 땅을 파기 시작했습니다. 그렇게 첫 조하드를 만드는 데만 무려 3년의 세월이 걸렸습니다. 하지만 일단 그렇게 하나를 만들어 놓으니 여름에 내린 첫 빗물이 탐스럽게 고였습니다.

그런데 얼마 안 가 그 공무원은 새로운 사실을 깨닫게 됩니다. 조하드 하나로는 충분치 않고 말라 버린 지하수층을 물로 채우려면 제대로 된 수로망을 만들어야 했던 거지요. 이건 제법 큰 규모의 공사였기

인도 타타와타 마을의 조하드

에 그는 마을 사람들을 끈질기게 설득하며 간곡히 도움을 청했습니다. 다행히도 그가 그동안 수고해 온 과정을 지켜봤던 마을 주민들은 결국 마음의 문을 열었습니다. 하나둘씩 이런저런 도움을 주기 시작했고, 점점 공사가 진척되면서는 수백 명의 자원봉사자가 힘을 합쳐 일하게 되었지요. 그리하여 불과 1년 만에 50개에 이르는 조하드가 만들어졌습니다.

그로부터 이제 30여 년의 세월이 흘렀습니다. 지금 이곳은 어떻게 바뀌었을까요? 조하드 덕분에 물길과 저수지를 갖춘 1만 개의 탄탄한 수로망을 갖추게 되었습니다. 그리고 이 수로망은 인근 1,000여게 미 을에 사는 70여만 명의 주민에게 물을 넉넉히 대 구고 있습니다. 그러자 놀랍게도 메말랐던 인근 강 5개에 물이 다시 흐르기 시작했습니다. 또 그렇게 물이 되살아나니 지역 경제 또한 번창하기 시작했습니다. 농사지을 수 있는 땅이 크게 넓어지면서 농작물 생산량이 쑥쑥 늘어난 덕분이지요. 사람뿐만 아니라 염소와 소도 신이 났습니다. 물이 풍부해져 먹을 풀 또한 넉넉해졌기 때문입니다. 이처럼 물이 살아나면서 자연과 경제가 함께 살아났고, 이곳 주민들의 생활 또한 크게 달라졌습니다.

오늘날 이곳 사람들은 인도 사람 평균 최저생계비의 3배에 이르는 높은 소득을 올리고 있습니다. 인구가 빠르게 줄어드는 여느 농촌 마을과 달리 여기서는 외려 인구가 늘고 있습니다. 곳곳에 보건소와 학교가 들어서고, 아동 노동을 없애는 대신 탁아소가 세워졌습니다. 이에 더해 지역을 건강하고 아름답게 가꾸려는 움직임도 한층 활발해졌습니다. 인도의 가난하고 조그만 시골 마을에 기적이 일어난 겁니다. 바로 조하드가 해낸 일입니다.

'조하드'와 '와카워터'에 담긴 뜻

그런데 여러분, 단지 조하드라는 '물리적 시설'을 많이 만들었다고만 해서 이런 성과를 거뒀을까요? 혹시 다른 특별한 비결이 있었던 건 아닐까요?

이런 의문을 풀려면 여기 사람들이 물을 어떻게 관리했는지를 눈여겨볼 필요가 있습니다. 핵심 열쇠는 민주적이고 공동체적인 물의 관리입니다. 이곳에서는 마을 회의가 한 달에 한 번씩 열립니다. 마을 주민은 여기에 남녀 구분 없이 동등하게 참여합니다. 그리고 물 관리에 관한 것을 비롯해 모든 결정은 합의에 따라 투명하게 이루어집니다. 이 마을 회의를 통해 이곳 주민들은 민주주의와 공동체 정신을 터득하게 되었습니다. 동시에 자신들이 살아가는 곳을 스스로 다스리는 자율과 자치의 능력도 키울 수 있었습니다. 공동체 자치와 풀뿌리 민주주의를 바탕으로 한 물의 집단적 관리. 그렇습니다. 비결은 바로 이것이었습니다.

여기 주민들이 삶의 존엄성과 자부심, 용기를 되찾은 것도 이런 과정을 거쳐서입니다. 그랬기에 주민들은 조하드를 없애라는 행정기관의 일방적 명령을 거부할 수 있었습니다. 또 되살아난 강에 물고기가 많아진 것을 보고서 어업세를 걷으러 찾아온 공무원들을 코웃음 치며 되돌려 보내기도 했습니다. 진정한 '힘'을 되찾으니 이전에는 상상도 하기 힘들었던 일들을 척척 해낼 수 있게 된 거지요.

자, 그럼, 흔히들 물 부족 해법으로 생각하는 대형 댐 건설은 이런 조하드와 비교할 때 어떨까요? 물론 댐 건설에도 장점이 없는 건 아닙니다. 여러 조건이나 상황에 따라 필요할 수도 있지요. 하지만 국가나 거대 자본이 밀어붙이는 대규모 댐 건설은 기본적으로 수많은 사람을 정든 삶터에서 강제로 내쫓고 강과 주변 생태계를 파괴할 때가 많습니다. 그런 방식의 개발은 사람과 자연, 공동체에 큰 상처를 남기기 십상이지요.

반면에 조하드 방식은 단 한 사람도 삶터에서 내몰지 않았습니다. 강은 물론 주변 숲과 농지도 망가뜨리지 않았습니다. 오히려 그 반대였지요. 가난을 이기지 못해 떠났던 사람들이 다시 돌아왔습니다. 자연이 되살아나면서 마을 공동체가 복원되었습니다. 한마디로 마을에 활력과 생기를 불어넣는 '복덩이' 구실을 톡톡히 한 셈이지요. 그러면서 지역 경제와 사람들 생활도 훨씬 풍요로워졌고요.

기왕에 물 얘기가 나왔으니 한 가지 사례만 더 보태겠습니다.

아프리카 에티오피아 북동부 고원지대의 어느 마을에 가면 '와카워터(Warka Water)'라는 이름의 재미나게 생긴 '탑'들이 세워져 있습니다. 이 탑은 흔히 '물의 탑', '식수 탑'이라 불립니다. 이슬이나 공기 중에 밴 습기를 모아 먹는 물을 만드는 게 이 탑이 하는 일이어서지요. 대나무를 격자 형태로 엮은 이 탑의 바깥은 나선형 모양을 이루고 있습니다. 안쪽에는 나일론 소재로 만든 그물을 둥그렇게 둘러쳤고, 그물 아래엔 물받이 그릇을 달아 놓았고요. 탑 중간쯤에 햇빛을 가려주는 차양을 치기도 하는데, 이곳 사람들은 이 아래서 물을 마시며 휴식을 취하곤 합니다.

단순하고 엉성해 보이는 와카워터가 물을 만들어 내는 원리는 간단합니다. 공기 중 수분이 탑 안의 그물망에 들러붙어 물방울로 맺힌 뒤 아래쪽 그릇으로 흘러내려 모이게 되지요. 바깥의 대나무 탑은 물을 다른 사람들이 함부로 가져가거나 오염시키지 못하도록 막는 울타리이자, 그물망 온도를 낮춰 주는 냉장고 역할을 합니다. 높이가 9~10미터에 이르는 와카워터 한 개가 하루에 만들어 내는 물의 양은 많게는 100리터 가까이나 된다고 합니다.

'와카'는 에티오피아에서 흔히 볼 수 있는 일종의 무화과나무 이름입니다. 열매는 사람과 동물의 식량이 되고, 20미터나 자라는 이 나무가 드리우는 그늘은 동네 사랑방 구실을 하지요. 이렇게 보면 '물방울이 주렁주렁 열리는 나무'가 곧 와카워터인 셈입니다.

그럼, 와카워터는 어떻게 탄생하게 됐을까요? 와카워터는 지난 2012년 이탈리아의 어느 디자이너가 이곳을 방문했다가 주민들이 물이 모자라 큰 고통을 겪고 있는 현실을 보고서 고안한 것입니다. 우물이나 펌프와 같이 땅을 파서 지하수를 끌어올리는 일반적인 방식은 애초부터 생각도 하지 않았습니다. 메마른 고원지대라 물을 찾으려면 수백 미터는 파 내려가야 하는데, 그러기엔 장비도 돈도 인력도 턱없이 부족했으니까요. 한마디로 이곳 실정과 환경에 맞는 방식이 아니었다는 얘기지요.

이에 견주어 와카워터는 적은 비용으로 손쉽게 만들 수 있습니다. 주변에서 쉽게 구할 수 있는 재료를 사용하면 되고, 어려운 최신 기술을 쓰는 것도 아니기 때문입니다. 특히 이곳 주민들은 전통적으로 나무줄기로 바구니를 짜고 대나무집을 지어 왔기에 대나무를 얼기설기 엮어 와카워터를 만드는 것은 아주 친숙한 작업입니다. 게다가 주변

환경을 해치지도 않습니다. 와가워디가 선사해 주는 물을 '희망의 생명수'라 부르는 까닭이지요. 오늘날 많은 사람이 이 와카워터를 에티오피아를 넘어 아프리카 전역에 보급하려고 애쓰고 있다고 합니다.

여러분, 조하드와 와카워터 이야기를 들으니 어떤 생각이 드나요? 아마 이런 방식을 시대에 뒤떨어진 낡은 것이라고 여기는 사람들도 당연히 있을 것입니다. 그런 것 대신에 거대한 댐, 거대한 시설과 장비, 막대한 돈과 첨단 과학기술을 동원해야 물 부족 문제를 해결할 수 있으리라고 생각하는 사람이 적지 않을 테지요.

하지만 이런 방식은 방금 얘기한 것처럼 여러 가지 문제를 일으킬 뿐만 아니라, 물 부족 해결이라는 측면에서도 현명하지 못합니다. 왜냐고요? 이런 방식을 동원하면 지금 당장 물을 얻을 수는 있지만 물

을 오랫동안 재생시키거나 순환시키지는 못하기 때문입니다. 그래서 결과적으로는 물 부족 문제를 오히려 악화시킬 가능성이 더 높지요.

대형 댐, 조하드, 와카워터 등은 모두 물 공급 같은 우리 삶의 문제를 해결하려는 과학기술의 산물입니다. 그런데 어떤 기술을 선택하느냐에 따라 결과는 크게 엇갈렸습니다. 그래서 우리는 자연스레 다음과 같은 질문들을 떠올리게 됩니다.

우리에게 가장 절실하게 필요한 과학기술은 뭘까? 국가와 자본의 힘을 바탕으로 눈부신 발전을 거듭하고 있는 현대의 첨단 거대주의 과학기술은 인류가 안고 있는 수많은 문제를 해결할 수 있을까? 낡고 보잘것없는 것처럼 여겨지는 조하드나 와카워터 같은 것에 쓰인 기술은 어떻게 평가해야 할까? 참된 삶의 지혜나 지식은 과학기술과 어떤 관계를 맺고 있고 또 맺어야 할까?

이 모두 슈마허가 골똘히 고민하고 궁리했던 문제들입니다. 그는 이런 질문들에 어떤 답을 내놓을까요?

이해의 과학, 조작의 과학

과학기술에 관한 이야기는 슈마허의 전체 이론이나 사상에서 아주 중요한 의미를 지닙니다. 그만큼 비중도 크고요. 슈마허가 과학기술에 큰 관심을 기울인 이유는 과학기술이 그만큼 중요하기 때문입니다. 잘 알다시피 오늘날 우리가 살아가는 세상은 과학기술 사회라 불립니다. 현대 문명을 과학기술 문명이라 일컫기도 하지요. 최근 인류 역사가 걸어온 길이 과학기술 발전과 어깨를 나란히 해 왔고 과학기술 진보의 열매가 현대 문명이기 때문입니다.

슈마허의 문제의식은 여기서 비롯합니다. 그는 현대 과학기술이 모든 사람에게 엄청난 영향력을 끼치고 있음에도 실제로 우리 삶을 풍요나 행복으로 이끄는 데는 그다지 이바지한 바가 없다고 여겼습니다. 특히 전 세계에 차고 넘치는 가난이나 실업 문제를 해결하는 데 현대 과학기술이 실질적으로 도움을 주었다고 볼 만한 증거는 아무것도 없다고 했지요. 그는 오히려 이렇게 말합니다.

과학기술은 인간의 산물이지만 지금까지 자신의 독자적인 법칙과 원리에 따라 발전해 왔다. 이 법칙과 원리는 인간을 비롯한 생명의 본성과는 너무나 다르다. 자연은 늘 언제 어디서 멈춰야 할지를 알고 있다. 자연의 성장도 신비롭지만, 이보다 더 놀라운 것은 성장을 멈추는 자연의 신비로움이다. 자연 세계의 모든 것에는 규모, 속도, 힘에 한계가 있다. 인간을 포함한 자연은 자기 균형 능력을 지니고 있어서 스스로 조절하고 정화할 줄 안다. 그러나 과학기술은 규모, 속도, 힘에서 스스로를 제한하지 않는다. 과학기술은 자기 균형, 자기 조절, 자기 정화의 미덕을 갖추고 있지 않다.

나아가 그는 "과학이란 적정한 한계를 유지할 때는 유익하지만 그 한계를 넘어서면 사악할 뿐만 아니라 파괴적으로 바뀌게 된다."고까지 했습니다. 자본주의의 산물인 현대 과학기술은 너무 거대하고, 복잡하고, 전문적이고, 폭력적이고, 막대한 돈의 힘으로 굴러갑니다. 그래서 결국은 소수를 위한 기술, 착취를 위한 기술, 민주주의와 인간과 자연을 망가뜨리는 기술이 될 수밖에 없다는 게 슈마허의 견해입니다.

특별히 눈길을 끄는 것은 그의 과학 구분법입니다. 그는 과학을 두 가지로 나누었습니다. 하나는 '이해'를 위한 과학이고, 다른 하나는 '조작'을 위한 과학입니다. 앞의 것은 인간의 사고 능력을 키워서 자유와 삶의 성숙에 이바지하는 '지혜로서의 앎'이라고 할 수 있습니다. 뒤의 것은 더 많은 지식을 쌓아 자기 마음대로 외부 환경을 조작하려는 '권력과 힘으로서의 앎'이라고 할 수 있습니다.

이 '권력과 힘으로서의 앎'을 대표하는 철학자가 여러분도 들어서 알고 있을 프랜시스 베이컨과 르네 데카르트입니다. 베이컨은 "아는 것이 힘"이라고 했고, 데카르트는 "인간이 자연의 소유자이자 지배자"라고 했지요. 하지만 이런 조작을 위한 과학은 갈수록 복잡하고 거대하게 발전하면서 거의 필연적으로 자연 조작에서 인간 조작으로 나아가게 됩니다. 오늘날 유전자 조작을 넘어 인간 복제로까지 치닫고 있는 생명공학이 이를 상징하지요.

이처럼 한쪽 과학은 자연을 신의 작품이자 '인간의 어머니'로 여기는 데 반해, 다른 쪽 과학은 자연을 정복 대상이나 이용해야 할 자원으로 간주합니다. 인간을 보는 관점에서도 결정적인 차이를 보입니다. 한쪽은 인간을 신의 모습대로 만들어진 고귀한 '예술품'으로 봅니다. 하지만 다른 쪽 눈으로 보면 인간이란 그저 하나의 고등동물로서 진화의 우연한 산물에 지나지 않습니다.

이런 둘 사이의 차이는 '유기체적 세계관'과 '기계론적 세계관'의 차이라고도 표현할 수 있습니다. 유기체란 각 부분과 전체가 긴밀하게 하나로 연결되고 얽혀 있는 조직체를 말합니다. 우리 몸을 한번 떠올려 보세요. 몸을 이루는 세포 유전자 안에는 몸 전체가 다 담겨 있습니다. 몸의 어느 한 부분이 아프거나 기뻐하면 전체가 통증과 환희를 느낍니다. 세계를 이처럼 통합적이고 전일적인 것, 즉 하나의 전체로서 통일을 이루고 있는 것으로 보는 게 유기체적 세계관이고 지혜의 과학입니다. 여기서 모든 것은 서로 관계를 맺으며 연결되어 있는 것으로 여겨집니다.

기계론적 세계관을 쉽게 이해하려면 자동차나 시계를 떠올리면 됩니다. 자동차가 수많은 부품의 조합이듯이 몸이나 자연도 원자나 분자들의 단순한 집합체라는 거지요. 그러므로 여기서 부분은 전체와 분리된 독립체입니다. 부분 안에 전체가 깃들 수 없습니다. 부품이 고장 나면 교체하면 그만입니다. 그럴 때 전체가 고통이나 슬픔을 느끼지도 않습니다. 기계에 영혼이 없듯이, 여기선 계산할 수 없고 측정할 수 없는 정신이나 마음 같은 건 중요하지 않습니다. 대신에 힘, 양, 효율성, 속도 따위가 중요하지요. 이것이 기계론적 세계관이고 조작의 과학입니다.

슈마허는, 서구 문명이 심각한 문제를 일으키는 것은 '지혜와 이해의 과학'이 아닌 '조작과 권력의 과학'을 진리로 받아들이고 있는 탓이라고 진단합니다. 현대 과학기술의 핵심 특성인 조작과 권력의 과학은 자연에 대한 배려와 존중, 지혜의 탐구, 종교적 영성, 생명의 신비와 삶의 경이로움에 대한 감각 등과는 거리가 멀다는 얘기지요.

과학기술 발전이 우리 인류에게 수많은 혜택과 이득을 안겨 주었다는 건 두말할 나위도 없습니다. 하지만 동시에, 과학기술이 엄청난 규모와 힘으로 새로운 위험과 위기, 혼란을 낳고 있는 것 또한 명백한 사실입니다. 한순간에 재앙을 일으킬 수도 있고 '죽음과 공포의 독극물'인 방사능 물질을 끊임없이 만들어 내는 원자력 발전 기술, 유전자 조작과 생명 복제도 서슴지 않는 생명공학 따위가 대표적이지요. 그렇다면, 과학기술이 이처럼 '빛'보다는 '그늘'을 더욱 짙게 드리우게 된 이유와 배경은 뭘까요?

돈과 권력의 '시녀'가 되다?

그렇게 된 가장 큰 이유는 과학기술의 급속한 상업화입니다. 과학기술이 발전하면 할수록 돈과 권력을 살찌우는 수단으로 전락했다는 얘기지요. 오늘날 대부분 과학기술은 소수 자본가와 기업, 일부 강대국 또는 선진국들이 움켜쥐고 있습니다. 특히 보통 사람은 얼씬도 못한 정도의 높은 가격이 수많은 기술에 매겨져 있습니다. 오늘날 과학기술에 '권력과 자본의 시녀'라는 불명예스러운 꼬리표가 달린 데에는 다 그럴 만한 이유가 있는 거지요.

그래서 오늘날 과학기술은 대부분 사적인 소유물일 뿐 사회적으로 공유되지 않습니다. 대표적으로, 과학기술을 손아귀에 쥔 기업은 그것으로 막대한 이익을 챙기는 데 몰두합니다. 국가는 과학기술을 경제를 성장시키거나 국가 경쟁력을 키우거나 강대국으로 발돋움하기 위한 도구로 삼는 데 급급합니다. 그러니 평범한 보통 사람은 이런 과학기술에서 소외되고 배제될 수밖에 없습니다.

하지만 따지고 보면, 무릇 인류가 쌓아 온 모든 과학기술은 근본적으로 오랜 세월에 걸쳐 수많은 사람이 쌓아 온 지혜와 지식과 경험이 녹아들어 있는 사회적이고 역사적인 산물입니다. 어떤 과학기술도 이전의 경험과 지식이 밑받침되지 않은 채 어느 날 갑자기 하늘에서 뚝 떨어지는 경우는 없으니까요. 그것이 겉으로는 아무리 창조적이고 새로운 것처럼 보인다 할지라도 말입니다.

여러분, '특허'라는 제도를 알고 있나요? 특허란 새로운 발명품이나 기술을 개발한 기업이나 개인이 그것에 대한 권리를 독점적으로 행사할 수 있는 법적인 자격을 말합니다. 그래서 특허를 통해 남들이 자신의 발명품을 마음대로 사용하지 못하게 막을 수도 있고, 일정한 사용료를 받고 자신의 발명품을 사용하도록 허락함으로써 가만히 앉아서도 큰돈을 벌어들일 수 있습니다. 특히 기업들은 자기들이 개발한 특정 기술에 대해 특허를 낸 뒤 막대한 이익을 챙길 때가 많습니다. 이럴 때 특허를 낸 기술은 '황금알을 낳는 거위'처럼 돈을 긁어모으는 구실을 하게 됩니다.

이것을 잘 보여 주는 사례가 글리벡이라는 약입니다. 글리벡은 혈액에 생기는 암의 일종인 만성 골수성 백혈병 환자의 생명을 연장시켜 주는 약입니다. 혈액의 정상세포는 그대로 두고 암세포만 없애지요. 이 약은 스위스의 거대 제약기업인 노바티스가 개발해 2000년대 초에 우리나라에 들어왔습니다. 수많은 백혈병 환자가 '이젠 살았구나.' 하며 환호성을 질렀습니다. 이전에는 이 병에 걸리면 90퍼센트 이상이 목숨을 잃을 수밖에 없었으니까요.

그런데 웬걸, 실제 현실은 엉뚱한 방향으로 흘러갔습니다. 대부분 환자가 이전과 마찬가지로 고통스럽게 죽음을 기다려야만 하는 상황이 계속됐거든요. 왜 이런 일이 벌어졌을까요? 한마디로 약값이 너무 비쌌기 때문입니다. 한 달에 몇백만 원, 1년이면 수천만 원이 예사였지요. 다행히도 지금은 백혈병 환자가 부담해야 할 글리벡 약값은 거의 없습니다. 하지만 이렇게 되기까지 환자와 가족은 그야말로 목숨을 걸고 오랫동안 싸워야만 했지요.

이런 일이 벌어지는 근본 원인이 특허 제도입니다. 거대 기업 노바티스는 이 제도 덕분에 엄청난 돈을 손쉽게 벌어들였습니다. 하지만 수많은 환자가 자기를 살려 줄 약이 있는 줄 뻔히 알면서도 돈이 없어 죽어 가야만 했습니다. 글리벡 이야기는 슈마허가 왜 과학기술이

악지와 가난한 민중의 삶을 개선하는 데 도움이 되는 게 아니라 오히려 세상의 불평등과 모순을 더 키우고 있다고 지적했는지를 여실히 보여 줍니다.

한편으로, 국가와 자본이 한통속이 되어 과학기술을 오염시키고 있는 것도 심각한 문제입니다. 예컨대 지구 온난화를 살펴볼까요? 세계 과학자들 가운데에는 지구 온난화가 객관적인 사실이 아니며, 인간이 일으킨 게 아니라 그저 자연 현상에 지나지 않는다고 주장하는 사람들이 더러 있습니다. 놓치지 말아야 할 것은 이들 뒤에는 대개 석유 기업이나 석탄 기업이 도사리고 있다는 점입니다.

그 이유가 뭘까요? 자, 지구 온난화를 막으려면 온실가스 배출을 줄여야 하잖아요? 다시 말하면 온실가스를 만들어 내는 주범인 석유나 석탄 같은 화석연료 소비를 줄여야 합니다. 한데 그렇게 되면 석유 기업이나 석탄 기업은 손해를 볼 수밖에 없습니다. 즉, 이들 화석연료 기업은 지구 온난화를 부정해야 돈을 더 많이 벌 수 있다는 얘기지요. 바로 그래서 이들 기업은 엄청난 돈을 쏟아부으며 이런 과학자들을 내세워 일반 사람들이 지구 온난화에 의심을 품도록 여론을 유도합니다. 막강한 자본력으로 언론을 움직이기도 하고요.

더 심각한 문제는 이런 기업이 국가 정책마저 쥐락펴락한다는 점입니다. 기업의 힘이 커지면서 이런 현상은 더욱 심해지고 있습니다. 그 결과 기업과 권력이 같은 이해관계로 뭉쳐 사실과 진실을 숨기거나 조작하기까지 합니다. 현대 과학기술에 감추어진 또 하나의 '부끄러운 얼굴'이지요. 현대 과학기술의 뿌리와 속성을 집요하게 파헤친 슈마허 같은 사람이 높은 값어치를 지니는 까닭 가운데 하나가 여기에 있습니다.

'위험 사회'와 전문가주의

또 하나 주목해야 할 것은 과학기술의 눈부신 발전에 따라 '위험'도 덩달아 급속도로 커지고 있다는 점입니다. 대표적인 보기가 원자력 발전입니다. 원자력 발전이 만들어 내는 방사능이라는 물질은 사람을 비롯해 모든 생명체와 자연을 죽음과 파괴로 몰아넣는 무시무시한 물질입니다. 이것을 생생하게 보여 준 두 가지 초대형 사고가 있으니, 체르노빌 참사와 후쿠시마 참사가 바로 그것입니다.

지난 1986년 4월 26일, 과거 소련에 속했던 우크라이나의 체르노빌 원자력 발전소에서 대규모 사고가 터졌습니다. 수천 명이 방사능을 맞아 죽었고, 인근 주민 수십만 명은 방사능 오염을 피해 다른 지역으로 떠나야만 했습니다. 이후에도 오랜 세월에 걸쳐 많은 사람이 죽어 갔고, 지금까지도 수십만 명의 사람이 암과 같은 갖가지 질병과 후유증에 시달리고 있지요.

최근에도 대형 참사가 벌어지고 말았습니다. 2011년 3월 11일에 발생한 후쿠시마 원전 사고가 그것입니다. 아마 여러분 가운데에도 기억하고 있는 사람이 많을 테지요. 그날 일본 동북부의 후쿠시마 앞

바다에서 발생한 초대형 지진의 충격으로 원자력 발전소가 부서지는 바람에 방사능이 대량으로 새어 나오고 말았습니다. 사고 수습이 늦어지고 방사능이 무차별로 퍼져 나가면서 일본뿐 아니라 온 세계가 공포에 떨어야 했지요. 발전소 부근 지역은 한순간에 생명체가 살 수 없는 '죽음의 땅'으로 변해 버렸고요. 이 사고는 아직도 제대로 수습되지 못한 채 끊임없는 방사능 누출을 비롯해 갖가지 문제를 일으키고 있습니다.

원자력 발전의 실상이 이러합니다. 한번 사고가 났다 하면 사람이든 자연이든 가리지 않고 모든 생명체를 무차별로, 그리고 거의 영구적으로 결딴내 버리는, 너무나 위험하고 끔찍한 에너지가 바로 원자력 발전입니다.

그렇다면 우리나라는 안전할까요? 우리나라는 원자력 발전 비중이 아주 높은 나라입니다. 원전 수 세계 5위, 설비 용량도 세계 5위입니다. 국토 면적과 비교한 원전 수를 뜻하는 이른바 '원전 밀집도'는 세계 1위고요. 게다가 후쿠시마 참사 이후 유럽을 비롯해 세계 대다수 나라가 원전을 줄이거나 없애는 방향으로 가는 것과 달리, 우리나라는 그런 시대 흐름과는 거꾸로 가고 있습니다. 겁도 없이, 부끄러움도 모른 채, 여전히 원전을 늘리는 정책을 펼치고 있지요. 빠른 경제성장을 계속하고 있는 바로 옆 중국에서도 원자력 발전소가 끊임없이 늘어나고 있습니다. 그래서 우리나라, 일본, 중국을 아우르는 동북아시아 일대는 세계에서도 원전 사고 위험이 가장 높은 지역으로 손꼽히

고 있습니다. 아찔한 일이 아닐 수 없지요.

　이런 원자력 발전을 슈마허는 어떻게 평가했을까요? 『작은 것이 아름답다』에도 원자력 발전을 다룬 짧지 않은 글이 실려 있는데, 핵심 내용을 간추려 소개하면 다음과 같습니다.

　인간이 자연 세계에 도입한 변화 중에서 원자력 발전의 원리인 대규모 핵분열이야말로 가장 위험하고 심각한 것이다. 원자력 발전은 믿기 힘들고 비교 대상이 없을 정도로 독특한 위험을 지니고 있다. 방사능 물질은 지금까지 인류가 알고 있는 그 어떤 것보다 심각한 해악이자 오염원이며, 인류 생존을 가장 크게 위협하는 요인이다. 그래서 원자력 발전소는 '악마의 공장'이라고 할 수 있다. (……) 원자력 발전은 결국 우리가 해결할 수 없는 문제를 미래 세대에게 전가하는 것이나 마찬가지다. 어느 누구도 '안전'을 보장할 수 있는 방법을 알지 못할 뿐만 아니라, 지질 시대를 바꿀 만한 긴 세월 동안 모든 생명체에게 헤아릴 수 없을 만큼 큰 위험을 가져올 수도 있는 맹독성 물질을 대량으로 저장하는 것은 결코 정당화될 수 없다. 이런 일을 하는 것은 생명 자체에 대한 도전이다. 그것도 인간에게 가해졌던 그 어떤 범죄보다도 훨씬 심각한 도전이다.

　기억해야 할 것은, 슈마허가 이런 생각을 펼치던 1970년대 당시는 원자력 발전에 대한 '장밋빛 환상'이 압도적으로 지배하던 때였다는 점입니다. 그때는 체르노빌 사고도, 후쿠시마 사고도 터지기 훨씬 이전입니다. 당시 원자력 발전은 석유를 대체할 값싸고 안정적인 새로운 에너지원으로 여겨져 절대다수 사람들로부터 뜨거운 각광을 받고 있었습니다. 그런 상황임에도 슈마허는 원자력 발전의 어두운 실체를 거침없이 폭로했습니다. 뿐만 아니라 누구보다도 먼저, 누구보다도 강력하게 원전 반대 운동에 나섰습니다. 시대를 앞지르는 그의 선구적인 혜안과 진실을 향한 용기를 엿볼 수 있는 대목이지요.

우리의 얘기는 더 나아갑니다. 두말할 필요도 없이 현대사회는 원자력 발전소와는 비교할 수 없을 정도로 훨씬 더 거대하고 복잡한 과학기술의 결과물로 이루어져 있습니다. 언제 어디서 무슨 일이 터질지 모릅니다. 그럴수록 위험 또한 커질 수밖에 없습니다. 복잡하게 서로 연결되고 얽혀 있는 거대 과학기술 시스템일수록 조그만 결함 하나가 시스템 전체를 망가뜨릴 가능성이 높아지니까요. 설사 다른 부분은 모두 정상적으로 돌아가고 있더라도 말입니다.

이처럼 오늘날 과학기술은 인류를 예측할 수 없는 위험과 불확실성의 수렁으로 밀어 넣고 있습니다. 독일 사회학자 울리히 벡*이 이름 붙인 대로, 현대사회를 '위험 사회'라 부르는 까닭이 여기에 있습니다.

그런데 생각해 보면, 이것은 사실 기묘한 일입니다. 과학기술 발전이 인류 역사에서 최고 꼭짓점에 다다른 지금, 정작 수많은 사람이 고민하는 것은 인류가 과연 살아남을 수 있을까 하는 문제니까요. 이 어

울리히 벡

이없는 역설에 산업사회와 현대 과학기술 문명의 어떤 '비밀'이 숨겨져 있지 않을까요?

현대 과학기술의 또 하나의 중요한 특징인 '전문가주의'도 짚고 넘어가야 할 대목입니다. 잘 알다시피 과학기술과 관련된 지식과 정보, 정책 결정 과정 등은 소수의 과학기술 전문가와 관료 엘리트가 거의 독점하고 있습니다. 이들은 자기들끼리 똘똘 뭉쳐 배타적이고 폐쇄적

■ 울리히 벡(Ulrich Beck, 1944~2015)

독일의 사회학자로. 1986년 체르노빌 원전 사고를 배경 삼아 쓴 『위험 사회』를 통해 서구 중심의 산업화와 근대화가 위험 사회를 낳는다는 주장으로 학계의 주목을 받았다. 이후에도 『성찰적 근대화』, 『정치의 재발견』, 『적이 사라진 민주주의』 등의 저작을 통해 근대성의 한계를 극복하고 새로운 근대, 혹은 '제2의 근대'로 나아가기 위한 돌파구 모색에 노력하였다. 또한 경제적 합리성을 내세우는 시장 논리에 무력화되고 있는 지구촌의 신자유주의 경향을 질타했다.

인 기득권 집단을 이룹니다. 그러면서 정부와 기업은 물론 학계나 언론 등과도 한통속이 되어 과학기술을 장악한 채 자기들의 이익을 추구하지요.

전문가란 대개 특정 분야의 지식을 풍부하게 갖추고 많은 경험 등을 바탕으로 가장 훌륭한 해결책을 내놓을 수 있는 능력을 지닌 사람을 가리키는 말로 쓰입니다. 하지만 전문가가 과연 그렇기만 한 걸까요? 요즘 대부분 전문가는 자기 전공 분야를 깊이 알긴 하지만 그 폭은 좁습니다. 그래서 '전체 틀'과 '큰 흐름'을 읽어 낼 줄 아는 안목이나 식견은 모자랄 때가 많습니다. 전문가는 또한 자기 분야의 지배적인 관점이나 논리 같은 것에 길들기 쉽습니다. 그 탓에 다른 가능성은 잘 모르거나 소홀히 여길 가능성이 높지요.

수많은 분야의 다양한 요인과 변수가 복잡하게 얽혀 돌아가는 현대 과학기술 사회에서 이것은 중대한 결점이자 약점이 될 수 있습니다. 이런 전문가는 아무래도 과학기술이 인간, 자연, 사회 등과 맺고 있는 다채롭고 복합적인 관계를 제대로 파악하기는 어렵지 않을까요? 또 구체적인 삶과 생활 현장에서 우러나오는 현실 감각과 균형 잡힌 인식도 좀 떨어지지 않을까요? 슈마허 또한 전문가에 대해 이렇게 따끔한 일침을 놓습니다.

"전문가란 점점 덜 중요한 것에 대해 더 많은 지식을 쌓느라 결국에는 아무 가치도 없는 것에 대해서만 잘 알게 되는 사람들이다."

아마 여러분 가운데에도 앞으로 특정 분야의 전문가가 되겠노라는 포부를 지닌 사람들이 제법 있을 것입니다. 그런데 이런 얘기를 하니 혹시 슈마허가 여러분의 꿈에 찬물을 끼얹는 건 아닌지 모르겠네요. 하지만 뒤집어서 이렇게 생각할 수도 있지 않을까요? 전문가에 대한 이런 비판적인 얘기가 오히려 진짜로 멋있는 전문가의 길을 가는 데 의미 있는 길잡이가 될 수도 있으리라고 말입니다.

문제의식이나 비판의식 없이 주어진 길을 무작정 내달리기보다는 내가 가는 길, 내가 가고자 하는 길의 전후좌우를 세심하게 살필 줄 아는 사람이야말로 지혜로운 전문가라 할 수 있지 않을까요? 갖가지 위험과 위기가 넘쳐나는 요즘 같은 시대에, 어쩌면 참된 전문가란 자기가 쌓은 지식과 기술에 어떤 한계가 있는지를 아는 사람, 자기가 하는 일에 어떤 실수나 오류가 저질러질지를 예측할 수 있는 사람, 나아가 그것을 피해 갈 방법을 아는 사람이라고 해야 하지 않을까요?

'인간의 얼굴'을 한 기술, 중간기술

이런 현대 과학기술에서 슈마허가 특히 깊이 들여다본 것은 기술이 사람을 어떻게 변질시키는가 하는 문제였습니다. 그는 현대 기술이 대다수 사람이 할 수 있는 창조적 노동을 무자비할 정도로 빠르게 소멸시키고 있는 현실을 무척 안타깝게 여겼습니다.

기술은 생산에 이용되는 시간을 줄여 버렸다. 그 결과 생산은 의미 없는 것으로 전락했으며, 명예는커녕 실질적인 중요성마저 잃어버렸다. 이 과정은 필연적으로 일하는 시간에서 인간적인 기쁨이나 만족감을 앗아 가는 결과를 낳았다. 생산은 인간성을 풍요롭게 하기는커녕 그것을 고갈시키는 비인간적인 잡무로 변해 버렸다. 많은 이들이 유용한 것만을 생산하길 원한다. 그렇지만 유용한 것을 너무 많이 생산하면 쓸모없는 인간을 많이 만들어 내는 결과로 이어지리라는 걸 잊어선 안 된다. 현대 기술이 발전했고, 발전하고 있으며, 발전해 나갈 방식은 점점 더 비인간적인 얼굴일 것이다.

그래서 우리에게 필요한 일은 자신의 손과 머리를 이용해서 자기가 원하는 시간에 자기가 원하는 속도로 쓸모 있고 창조적인 일을 할 기회를 늘리는 것입니다. 이렇게 되면 일을 즐기면서도 질 좋은 것을 생산할 것이며, 나아가 훨씬 더 아름다운 것을 만들어 낼 수도 있게 되겠지요. 슈마허는 심지어 이렇게 일하는 사람은 일과 여가의 차이도 알지 못할 것이라고까지 말합니다. 앞에서 말한 '좋은 노동', '좋은 삶'에서 경험할 수 있는 경지가 이것이지요.

여러분, 슈마허의 중간기술이 탄생하는 지점이 바로 여기입니다. 앞에서 대량 생산이 아닌 '대중에 의한 생산'이 중요하다고 얘기한 적이 있습니다. 기억나나요? 대량 생산에 쓰이는 기술은 본질적으로 폭력적이고, 자연을 파괴하고, 재생 불가능한 자원을 낭비하고, 사람의 정신과 영혼을 망쳐 놓습니다. 이에 반해 대중에 의한 생산에 쓰이는 기술은 현대의 지식과 경험을 활용하면서도 중앙으로 집중하는 게 아니라 지역으로 분산돼 있습니다. 또한 자연 생태계의 법칙과 공존할 수 있고, 희소한 자원을 낭비하지 않습니다. 그럼으로써 결국은 인간을 기계의 노예로 만드는 게 아니라 삶과 지혜를 살찌워 줍니다.

조금 다른 각도에서 이렇게 얘기할 수도 있습니다. 이런 기술은 옛날의 원시적인 기술에 견주면 훨씬 우수하고 생산성도 높습니다. 하지만 현대의 첨단 거대주의 기술에 견주면 훨씬 소박하고 값싸고 대중적입니다. 앞에서도 잠깐 얘기했듯이, 슈마허가 주창한 이런 기술을 '중간기술'이라 부르는 것도 이런 뜻에서입니다. 중도의 가치를 구현하고 있다는 얘기지요.

슈마허는 이렇게 설명합니다. 가난한 나라들에서는 농작물을 수확할 때 아직도 낫을 사용합니다. 이것을 1단계라 합시다. 이에 반해 잘사는 나라들에서는 자동화되고 고도로 복잡한 콤바인 같은 기계를 사용합니다. 그 결과 농사에서 사람의 요소가 거의 사라져 버렸습니다. 이것을 10단계라 합시다. 그렇다면 1단계와 10단계 사이의 중간 단계는 다 어떻게 되었을까요? 바로 여기서 슈마허는 중간기술이라는 아이디어를 떠올렸습니다. 인간적이고 자연과 조화를 이루되 고도로 발전한 기술이 일으키는 자원 고갈이나 실업 같은 문제들 없이 전 세계 가난한 사람들에게 실질적인 도움을 줄 수 있는 중간적인 기술이 필요하다는 게 그의 문제의식이었지요.

그렇습니다. 중요한 얘기여서 다시 정리해 보지요. 중간기술이란 상대적으로 규모가 작고, 간단하며, 자본이 적게 들고, 환경을 파괴하지 않도록 신중하게 고안된 기술을 말합니다. 그래서 중간기술은 누구든 쉽게 접근할 수 있습니다. 또한 인간을 기술에 종속시키지 않으며, 그 기술이 사용되는 곳의 구체적인 환경과 조건에 잘 들어맞습니다. 뿐만 아니라 중간기술은 가난한 사람들의 생활에 실제로 도움을 줌으로써 삶의 질을 높이는 기술, 중앙 집중적이고 관료주의적이지 않은 작은 단위의 기술이기도 합니다.

특히 슈마허는 가난한 나라들의 문화와 역사적 전통을 존중하는 동시에 그 나라들에 걸맞은 기술과 도구를 제공해야 그 나라들이 자립과 안정을 이루는 데 실질적인 도움이 된다는 사실을 잘 알고 있었습니다. 서구의 잘사는 나라들이 자기들에게 맞게 개발한 기술이 비서구 지역의 가난한 나라 사람들에게 잘 들어맞지 않으리라는 것은 어렵잖게 짐작할 수 있는 일입니다.

알기 쉬운 예로, 가난한 나라는 경제 규모도 작고 생산량도 적고 돈도 많지 않기 때문에 시장이 작습니다. 작은 시장에는 소규모 생산시설이 어울립니다. 그리고 이런 시설은 소규모 기술을 바탕으로 해야 제대로 돌아가기 마련입니다. 이런 곳에다 대규모의 첨단 대량 생산 방식에 적합한 기술을 옮겨 놓으면 어떻게 될까요?

이제, 여러분도 충분히 이해하리라 여겨집니다. 슈마허의 중간기술이 민중의 기술, 민주적인 기술, 자립과 자조의 기술, 작은 기술, 평화의 기술, 요컨대 진정한 '인간의 기술'로 일컬어지는 까닭을 말입니다.

슈마허는 이런 중간기술을 보다 널리 보급하려고 1966년에 '중간기술개발그룹(ITDG, 현 Practical Action)'이라는 단체를 직접 만들어 이끌었습니다. 여기서 그는 전 세계 민중에게 실질적으로 도움이 되는 여러 도구와 기술적 장치를 연구하고 개발했습니다. 나아가 아프리카, 라틴아메리카 등지의 가난한 나라들을 돌아다니면서 현지 민중이 자급과 자립을 이루는 데 힘을 보탰습니다.

이런 중간기술이 새삼 특별한 의미로 다가오는 것은 우리 시대가 필요로 하는 참된 지혜가 중간기술에 깊이 아로새겨져 있기 때문입니다. 지혜는 현대 과학기술에 대해 관계와 연결을 중시하는 유기적인 것, 부드러운 것, 비폭력적인 것, 영속적인 것, 작은 것, 우아하고 아름다운 것을 향해 새롭게 나아가기를 요구하고 있습니다. 두루 중간기술이 지닌 특성들과 썩 잘 어울리는 것들이지요.

조금 더 풀어서 얘기하면 이렇게 됩니다. 예를 들면 중간기술은 쌉니다. 한데 만약에 과학기술의 산물인 생산 방법이나 기계가 아주 비싸다면 그런 과학기술 아래 놓인 사회는 어떻게 될까요? 당연히 얼마 안 되는 소수의 부자와 특권 세력에게 부와 권력이 쏠릴 것입니다. 그 결과 불평등과 부정의가 독버섯처럼 퍼질 테고요. 이것은 우리가 원하는 바가 아닙니다.

또 중간기술은 작은 기술, 소규모 기술이라고 했습니다. 이런 기술로 하는 일은 국가나 거대 기업이 막대한 돈을 투입해 진행하는 대규모 개발 사업이 아닙니다. 대개 지역 단위에서 이루어지는 작은 사업이기 마련이지요. 이런 기술은 자연에 나쁜 영향을 거의 미치지 않거나 더 작게 미치고, 위험도 더 적게 만들어 냅니다. 슈마허는 이런 지혜의 말을 전합니다.

작은 것 속에 지혜가 깃들어 있다. 오늘날 원자력 발전의 핵에너지 기술, 산업형 농업의 새로운 농화학 기술 등을 비롯한 수많은 기술이 적용되는 데서 알 수 있듯이, 가장 커다란 위험은 언제나 부분적인 지식을 대규모로 무자비하게 이용하는 데서 나온다.

이렇게 하여 중간기술은 인간의 창조적 욕구에 잘 들어맞는 기술이 됩니다. 뭔가가 너무 복잡한 것도 마찬가지입니다. 뭔가가 복잡한 것은 그것이 너무 큰 탓에 그렇게 됐을 가능성이 높습니다. 슈마허는 이런 말을 남겼습니다.

"복잡한 것을 더욱 복잡하게 만드는 일은 삼류 기술자도 할 수 있다. 하지만 간단한 원리로 제대로 된 것을 만드는 데는 천재의 손길이 필요하다."

그러므로 중간기술이 중시하는 '인간적 규모'는 단순히 크기 차원에서 끝나는 게 아닙니다. '작은 것'은 일의 성격 자체를 인간적으로 만듦으로써 사람들에게 삶의 기쁨과 창조성과 행복감을 불어넣어 줍니다. 진정한 인간임을 느끼게 해 준다는 얘기지요. 중간기술이 '인간

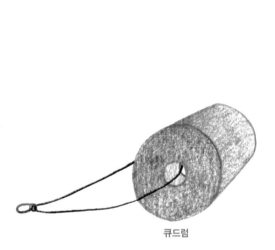

큐드럼

와카워터

라이프스트로

항아리 냉장고

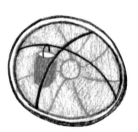

태양열 조리기

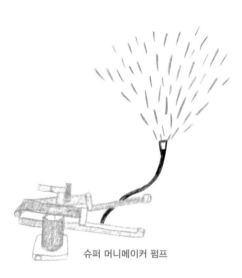

슈퍼 머니메이커 펌프

의 얼굴을 한 기술'이 되는 까닭입니다.

슈마허가 창안한 중간기술은 그 뒤로도 끊임없는 연구개발과 현장 적용 등의 과정을 거쳐 오늘날은 '적정기술'이라는 이름으로 불리기도 합니다. '적정'이란 말이 붙은 것은 '구체적인 상황에 잘 들어맞는 것'이 이 기술의 핵심 특성 가운데 하나이기 때문입니다. 요즘 아프리카, 아시아, 라틴아메리카 등지를 비롯한 세계 곳곳에 널리 보급돼 있지요. 우리나라에서도 점차 널리 퍼져 나가고 있고요.

수질이 나쁜 물이라도 바로 필터로 정화해 마실 수 있도록 한 '라이프스트로'(일명 '생명의 빨대'), 전기 없이도 낮은 온도를 유지할 수 있는 '항아리 냉장고', 지하수를 손쉽게 끌어 올릴 수 있도록 만들어진 수동식 물 공급 펌프 '슈퍼 머니메이커 펌프', 물이 부족해 먼 데서 물을 구해 와야 하는 여성이나 아이들이 보다 많은 양의 물을 편리하게 실어 나를 수 있게 만든 굴리는 물통 '큐드럼' 등이 중간기술의 대표적인 보기들입니다. 좀 전에 얘기한 조하드나 와카워터도, 책 앞부분에서 소개한 가비오타스 공동체에서 만든 여러 시설과 물건도 모두 이런 기술이 적용된 사례라고 할 수 있고요.

중간기술 또는 적정기술이 최근 들어 더욱 큰 관심과 주목을 모으는 것은 지금 인류가 시급히 해야 할 일들이 이 기술과 맞물려 있어서입니다. 가난한 사람들의 삶의 질을 높이고 자급의 힘을 키우는 일, 환경 위기를 해결하는 일, 과학기술의 방향을 바로잡는 일, 민주주의와 정의와 평등을 이루는 일 등이 그런 것들이지요. 그만큼 중간기술

은 슈마허 당대를 넘어 오랜 세월이 흐른 지금도 큰 의미를 지닌다고
할 수 있습니다.

좋은 기술이 좋은 세상을 만든다

그런데 기술과 관련해 슈마허가 한 얘기 가운데 조금 특이한 게 있습
니다. 그는 "넓게 보면 체제는 기술의 산물이고, 기술이 변하지 않는
한 체제가 바뀔 리 없다."고 했습니다. 체제가 기술의 산물이라니, 선
뜻 고개가 끄덕거려지지 않나요? 슈마허의 설명을 좀 더 따라가 보겠
습니다.

그에 따르면, 기술 발전이 어느 정도 궤도에 오르면 그다음부터 기
술은 개발한 사람의 뜻과는 상관없이 기술 자체가 지닌 추진력으로
계속 발전하게 됩니다. 그리하여 기술은 그렇게 스스로 발전해 가면
서 자신에게 잘 맞는 시스템을 요구하게 됩니다. 그런데 기술 자체는
놀라운 것인데도 이 기술이 잘 돌아가지 않을 때가 있습니다. 이것은
시스템이 기술에 잘 안 맞아서 그럴 수도 있고, 아니면 기술이 현실이
나 인간 본성에 잘 맞지 않아서 그럴 수도 있습니다.

일반적으로는 이렇게들 생각합니다. 즉, 기술은 아무런 문제가 없
거나 또는 있더라도 손쉽게 바로잡을 수 있지만, 시스템에 어떤 결함
이 있어서 그런 문제가 생긴다고 말입니다. 다시 말하면, 문제의 주범
은 기술이 아니라 자본주의 체제 같은 시스템이거나 관료주의, 잘못

된 정책, 경영자의 무능 같은 것들이라는 얘기지요.

하지만 슈마허는 이런 견해에 동의하지 않습니다. 오히려 그는, 기술과 그 기술이 만들어 내는 '생산 방식'이 인간 삶과 사회에 미치는 영향력을 낮게 평가하는 것은 중대한 실수라고 강조합니다. 그러면서 체제야말로 명백하게 기술의 산물이라는 것은, 서로 다른 체제라도 같은 기술을 도입해서 쓰면 결국은 비슷해지는 경우가 많다는 사실에서도 쉽게 확인할 수 있다고 설명합니다. 사무실이나 공장에서 사람들을 아무 생각 없이 일하게 만드는 기술 방식은 어느 체제에서건 똑같이 사람들을 그렇게 만든다는 거지요. 실제로, 같은 기술을 사용하는 사회들은 설사 경제 체제나 정치 시스템이 달라도 아주 비슷하게 움직이거나 갈수록 더욱 닮아 간다는 사실을 보여 주는 증거는 아주 많습니다. 한마디로 기술이 변하지 않는 한 진정한 변화는 불가능하다는 겁니다.

이런 생각의 연장선에서 그는 기술을 바꾸지는 않은 채 체제부터 바꾸자, 자본주의를 넘어서자, 거대 기업과 관료주의를 없애자, 교육을 개혁하자 등과 같이 주장하는 것에 대해 이렇게 대꾸합니다.

"이 체제를 바꾸기 위한 방법으로, 약자들을 자립하게 해 주는 새로운 형태의 기술을 도입하는 것보다 더 좋은 것은 없다."

이는 곧, 중간기술이 상징하는 가치가 이루어지는 곳에서야말로 그가 그토록 중시한 '좋은 노동'과 '삶의 기쁨'이 온전한 열매를 맺을 수 있다는 뜻이기도 합니다. 슈마허는 이런 변화에 대한 확신을 이렇게 표현했습니다.

오늘날 정치의 핵심은 경제이며, 경제의 핵심은 기술이다. 나는
기술 발전에 새로운 방향을 제공할 수 있다고 굳게 믿는다. 그 방
향은 기술을 인간의 실질적인 욕구에 맞게 다시 짜는 것이다. 이
는 기술을 인간의 실제 크기에 맞추는 것이기도 하다. 인간은 작
은 존재다. 그러므로 작은 것이 아름답다. 거대주의를 추구하는
것은 자기 파괴로 나아가는 것이다. 기술이 인간을 파괴하는 대

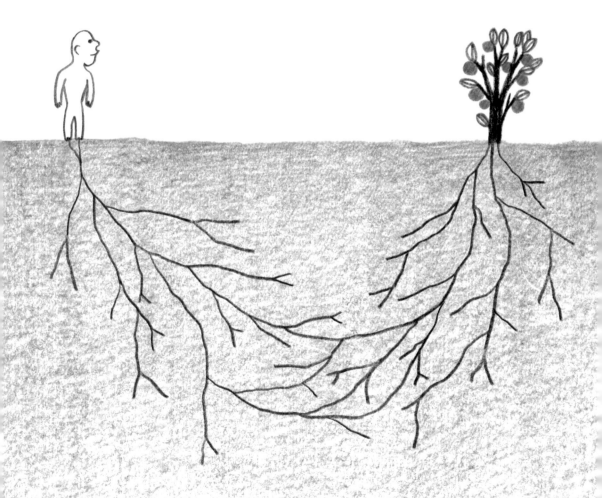

신에 인간에게 봉사하도록 방향을 전환하려면 무엇보다도 상상력에 힘입어 두려움을 떨치려고 노력해야 한다.

그렇습니다. 좋은 세상, 좋은 삶은 좋은 기술로부터 비롯합니다. 현대 과학기술의 눈부신 질주와 변신에 우리는 맥없이 휘둘리거나 그냥 끌려가기 쉽습니다. 과학기술이 펼쳐 보이며 약속하는 '미래의 신세계'는 휘황찬란하고 경이롭기 그지없습니다. 하지만 이제 현대 과학기술의 뿌리와 실체는 무엇이며, 그것이 빚어 낼 미래는 어떠할지를 되물을 때입니다. 슈마허가 소망했던 대로 과학기술은 사람이 사람답게 사는 일에 봉사할 때, 그리고 이 푸른 행성의 안녕과 평화에 이바지할 때 비로소 제 몫의 빛을 온전히 발할 수 있을 테니까요.

자, 이제까지 경제와 과학기술을 중심으로 슈마허가 그린 '새로운 미래의 꿈'을 살펴보았습니다. 하지만 슈마허의 원대한 꿈은 경제와 과학기술을 넘어 궁극적으로는 '인간'으로까지 나아갑니다. 슈마허가 나이 들수록 집중적으로 파고들었던 것도 인간 문제였습니다. '좋은 인간', '위대한 사람'이야말로 우리가 꿈꾸는 세상의 '뿌리'이자 '열매'이기 때문입니다. 이어지는 마지막 4장이 이에 관한 이야기입니다.

4장

'마음의 집'을 손질하자

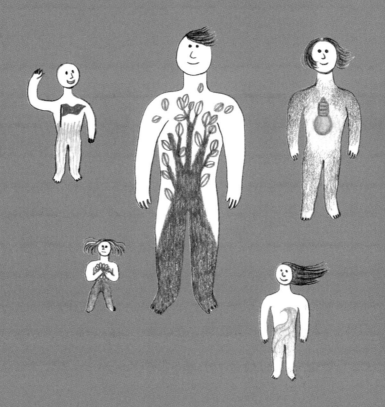

'좋은 노동'과
'좋은 삶'의 관계

힐러리에게 암소를

혹시 힐러리 클린턴이라는 사람을 알고 있나요? 꽤 유명한 사람이니 이름을 들어 본 사람도 있을 것입니다. 힐러리 클린턴은 미국의 유명 여성 정치인입니다. 미국 국무부 장관을 지냈고, 2016년 말에 치러질 미국 대통령 선거에서 다음번 대통령으로 뽑힐 가능성도 상당히 높지요. 1993년부터 2001년까지 미국 대통령을 지낸 빌 클린턴의 부인이기도 하고요.

이 힐러리가 대통령 부인이던 시절인 1995년에 방글라데시의 농촌 마을인 마이샤하티를 방문한 적이 있습니다. 아무런 담보 없이 빌린 작은 액수의 돈으로 자급과 자립을 이룬 그곳 여성들의 활동상을 살펴보고 그들과 대화를 나누기 위해서였습니다. 힐러리가 질문을 던지자 그들은 이렇게 대답했습니다. "네, 우리는 지금 스스로의 힘으로 소득을 올리고 있습니다. 소, 닭, 오리 같은 '자산'도 가지고 있고요." 그리고 아이들은 학교에도 다닌다고 말했습니다. 힐러리는 만족스러워했습니다. 그런데, 갑작스레 난처한 상황이 벌어졌습니다. 그다음에 마이샤하티 여성들이 힐러리에게 똑같은 질문을 했을 때, 힐러리는 당황할 수밖에 없었습니다. 그들 사이에는 이런 얘기가 오갔습니다.

"아파(자매님), 당신은 암소가 있나요?"

"아뇨, 나는 암소가 없어요."

"아파, 당신은 자신의 소득이 있나요?"

"아니, 지금은 없습니다. 전에는 제 소득이 있었어요. 하지만 남편이 대통령이 된 뒤로는 일을 그만뒀어요."

"당신은 아이가 몇 명 있나요?"

"딸 한 명이요."

"아이를 더 낳고 싶진 않나요?"

"네, 한두 명 정도 더 낳고 싶기도 하지만, 지금 우리 딸 첼시와도 충분히 행복하답니다."

그러자 마이샤하티 여성들은 서로 안타까운 눈길을 주고받으며 이렇게 중얼거렸습니다.

"불쌍한 힐러리! 그녀는 소도 없고, 자신의 소득도 없고, 딸도 하나밖에 없다네." 마이샤하티 여성들의 눈에 힐러리 클린턴은 결코 '힘 있는' 사람이 아니었습니다. 이들은 오히려 힐러리를 불쌍하게 여겼습니다. 이 '가난한' 방글라데시 여성들은 세계 최강대국 미국 대통령의 부인을 왜 불쌍하게 여겼을까요?

이들은 힐러리가 세계에서 가장 부유하고 힘센 나라의 대통령 부인이며, 많은 돈과 큰 권력을 가지고 있다는 걸 잘 알고 있었습니다. 그렇지만 이들은 그런 걸 두고 진정으로 '힘'이 있다고 여기지 않았습니다. 한마디로 세상을 바라보는 관점과 '좋은 삶'에 대한 생각 자체가 다른 거지요.

힐러리를 비롯한 현대 산업사회의 대다수 여성에게 '좋은 삶'이란 뭘까요? 아마도 더 많은 돈을 벌고 더 많은 상품을 맘껏 소비하는 생활 쪽에 가깝겠지요. 그러면서 이들은 그러지 못하는 사람들은 가난하다고 여길 테지요. 힐러리는 방글라데시 시골 여성들이 자기에게 돈을 지원해 달라고 요청하거나, 미국 대통령의 아내인 자기를 부러워하리라고 예상했을지 모릅니다. 하지만 그런 일은 일어나지 않았습니다.

어쩌면 힐러리는 이들을 만나면서 처음으로 자기 삶에 무언가가 빠져 있고 비어 있다는 걸 불현듯 느꼈을지도 모릅니다. 마이샤하티 여성들은 분명히 가지고 있지만 자기는 가지고 있지 못한 그 무언가를 말입니다.

그게 뭘까요? 그것은 아마도 자부심, 위엄, 자기 확신과 자기 존중, 자기 힘으로 살아갈 줄 아는 능력, 그렇게 살고자 하는 마음가짐 같은 게 아닐까요?

마이샤하티 여성들의 삶은 산업사회나 서구식 풍요의 잣대로만 보면 얼핏 가난하고 뒤떨어진 모습으로 비칠지 모릅니다. 하지만 이들은 가난에 찌들어 고되고 볼품없는 삶을 마지못해 이어 가는 게 아닙니다. 오히려 정반대로 삶의 기쁨과 만족, 그리고 인간의 존엄과 품위를 건강하게 누리며 살아가고 있습니다. 마리아 미즈·베로니카 벤홀트-톰젠이 지은 『자급의 삶은 가능한가』라는 책에 소개된 이 이야기는, 산업사회가 숭배하는 것과는 다른 삶이 얼마든지 가능하며, 진정한 자유와 행복은 바로 그런 데서 찾을 수 있다는 걸 일깨워 줍니다.

슈마허는 인간이 얼마나 위대하고 숭고한 존재인지를 깊이 인식했고, 인간이 지닌 그 위대함과 숭고함이 사람마다 온전히 되살아나 환하게 빛나기를 소망했습니다. 그것이 우리 모두가 가야 할 길이라고 거듭 강조했지요. 슈마허는 나아가 그 길을 가려면 어떻게 살아야 하는지, 거기에 필요한 삶의 지혜는 무엇인지를 일러 줍니다. 힐러리와 마이샤하티 여성들 이야기를 꺼낸 까닭이 여기에 있습니다. 슈마허가 일러 주는 메시지가 마이샤하티 여성들이 전해 주는 얘기와 그리 다르지 않으니까요.

헬조선?

슈마허는 생애의 말년에 접어들면서 '인간의 위대함'과 '좋은 삶'을 탐구하는 데 집중했습니다. 그는 산업사회의 본질을 파헤치면서 고귀한 인간이 산업사회 시스템 아래서 어떻게 망가지고 뒤틀리는지를 절실히 깨달았습니다. 삶은 생존과 헛된 욕망을 채우기 위한 경쟁의 악순환에 자기 자리를 내주고 있었습니다. 노동은 그저 더 많은 돈을 벌기 위한 의미 없는 몸부림에 자기 자리를 내주고 있었습니다. 영혼은 메마른 기계와 과학기술에 자기 자리를 내주고 있었습니다. 이 모두 산업사회와 자본주의 시스템에서 자라난 이른바 '근대의 무지'가 빚어낸 서글픈 풍경들이지요.

그래서 슈마허는 이런 무지를 이겨 낼 수 있는 참된 지혜를 깊이 갈망했습니다. 그는 그런 지혜를 찾는 지적이고도 영적인 '순례의 길'에 대담하게 나서야만 삶의 자유와 해방에 이를 수 있다고 굳게 믿었습니다. 그가 나이 들어 가톨릭에 귀의하면서 영성에 대한 관심이 더욱 깊어진 것도 이런 지혜에 대한 갈망과 깊은 연관이 있지요.

이런 슈마허가 각별히 주목한 것이 노동과 교육입니다. 그는, 노동은 인간이 평생 누려야 할 신이 주신 은총이자 소명이라고 생각했습니다. 또한 그런 신의 뜻을 깨닫고 그것을 현실에서 이루려면 제대로 된 교육이 아주 중요하다고 여겼습니다. 그러니 종합하면 이렇게 얘기할 수 있겠지요. 즉, 인간이 자신의 위대함을 되찾고 '좋은 삶'을 누리려면 참된 지혜가 이끄는 대로 노동과 교육이 이루어져야 한다고 말입니다. 슈마허가 얘기한 지혜와 노동과 교육, 이 세 가지는 이렇게 서로 연결되고 어우러집니다.

그가 보기에, 산업사회에서 노동은 돈벌이가 가장 큰 목적인 탓에 영혼을 풍요롭게 해 주지 못합니다. 삶을 충만하게 해 주지 못합니다. 그래서 산업사회의 노동은 인간성에 대한 모독이라고 할 수 있습니다. 산업사회가 뽐내는 물질의 풍요가 문제인 것은 이것이 인간의 감각을 무디게 만들고 정신을 흩뜨리는 비인간적인 노예노동으로 이룩되었기 때문입니다. 그래서 산업사회 아래서 일하는 시간은 기쁨과 즐거움, 해방과 깨달음의 시간이 아닙니다. 곧 '주인의 시간'이 아닙니다. 대신에 고통과 두려움, 굴종과 절망의 시간이 되고 말았습니다. 곧 '노예의 시간'으로 전락했다는 거지요.

그 결과 일을 하건 하지 않건, 직업이 있건 없건, 아이든 청년이든 노인이든 모두 불안과 초조를 느끼지 않을 수 없습니다. 더 많은 물질적 대가를 얻는 것이 유일한 목적인 노동. 가능한 한 줄이거나 없애는 게 더 좋은 것으로 여겨지는 노동. 사람을 물질의 노예로 만드는 이런 노동은 인간의 존엄성과 품위를 훼손하고, 영혼을 망가뜨리며, 삶에서 생기와 자유와 에너지를 앗아 갈 수밖에 없습니다.

그럼, 멀리 갈 것도 없이 지금 우리 사회의 노동 현실은 이와 얼마나 다를까요? 짐작하겠지만 우리 사회는 이런 '나쁜 노동'이 차고 넘치는 곳입니다. 수많은 비정규직 노동자의 고단한 삶과 이른바 '알바' 노동이 이를 잘 보여 줍니다. 전체 노동자 가운데 비정규직 비율이 높기로 세계적으로도 악명이 높은 우리나라에서 이들 노동자는 형편없는 임금, 불안하기 짝이 없는 신분, 긴 노동 시간과 높은 노동 강도, 사회적 차별과 냉대 따위에 끊임없이 시달립니다. 학비나 생활비를 벌려는 대학생을 비롯해 젊은이들이 많이 하는 알바 노동 또한 다르지 않습니다. 부당한 대우, 인격적인 모독, 지나친 혹사 따위가 난무하지요.

심지어 백화점이나 식당 등에서 일하는 종업원은 '손님이 왕'이라는 미명 아래 별다른 잘못이 없는데도 고객에게 무릎을 꿇고서 머리를 조아리며 사과하는 치욕을 강요당하기도 합니다. 욕설과 폭행을 당하기도 합니다. 최소한의 인격과 자존심마저 무너뜨리는 나쁜 노동, 노예노동, 타락한 노동의 극치가 아닐 수 없지요.

아마 여러분도 '헬조선'이라는 말을 들어 봤을 듯싶습니다. '지옥(hell)'과 '조선(朝鮮)'을 합성한 신조어로서 말 그대로 '지옥 같은 대

한민국'이란 뜻이지요. 이런 해괴한 말이 괜히 유행하는 게 아닙니다. 수많은 사람이, 그중에서도 특히 여러분같이 앞날이 창창한 청춘들이 제 나라를 서슴없이 '지옥'이라 일컫는 곳이 정상적인 사회일까요?

뿐만이 아닙니다. 우리나라가 세계에서 자살률은 가장 높은 축에 드는 데 반해 출산율은 꼴찌에 가깝다는 건 여러분도 알고 있을 것입니다. 하나밖에 없는 자기 목숨을 스스로 저버리는 사람이 많고, 새로운 생명의 탄생을 거부하는 사람이 많다는 게 뜻하는 바는 뭘까요? 높은 자살률이 '현재'를 들여다볼 수 있는 지표라면 낮은 출산율은 '미래'를 가늠해 볼 수 있는 잣대입니다. 한마디로 현재에 절망하고 미래를 비관하는 사람이 아주 많다는 얘기지요. 자, 여러분, 이것이 우리가 지금 살펴보고 있는 노동과 삶의 관계와 관련한 우리 사회의 현주소를 일깨워 주는 얘기라고 한다면 지나친 비약일까요?

슈마허는 교육 또한 다르지 않다고 생각했습니다. 산업사회 시스템 아래서 교육은 참다운 앎, 곧 진리에 이를 수 있는 감수성, 직관력, 상상력, 창의력 같은 것들은 그다지 중시하지 않습니다. 대신에 그저 양적으로 지식을 쌓을 뿐이지요. 이런 교육이 우리를 지혜로운 삶으로 이끌어 주리라고 기대하는 것은 마치 나무에서 물고기를 구하는 것처럼 어리석은 일입니다. 앞에서 언급한 우리나라 어느 대학 이야기가 보여 주듯이 말입니다.

'좋은 노동'을 일깨우는 교육

그러므로 이제 노동과 교육은 바뀌어야 합니다. 노동에 대해서는 이미 앞에서도 얘기했습니다. 기억도 떠올릴 겸 다시 한 번 요약해서 정리해 볼까요? 먼저 우리가 노동을 하는 목적은 세 가지입니다.

- 필요하고 쓸모 있는 재화와 서비스를 생산하기 위해서다.
- 자기의 재능을 잘 발휘하고 완성하기 위해서다.
- 자기중심주의에서 벗어나 다른 사람들을 섬기고 이들과 협력하기 위해서다.

다음으로, 이 세 가지를 노동의 목적이라고 하는 이유는 이것들이 인간의 가장 큰 욕구와 깊은 관계를 맺고 있기 때문입니다. 이 욕구도 세 가지였습니다.

- 인간은 영적인 존재로서 무엇보다 가치에 관심을 가진다. 이것은 도덕적으로 사는 것을 말한다.
- 인간은 사회적 존재로서 무엇보다 다른 사람들과 다른 생명체에 관심을 가진다. 이것은 이웃과 동료를 섬기고 자연을 존중하는 것을 뜻한다.
- 인간은 개별적 존재로서 무엇보다 자기 자신을 계발하는 데 큰 관심을 가진다. 이것은 자신의 재능을 창조적으로 사용하고 발전

시키기 위해 노력하는 것을 가리킨다.

인간이 지닌 이 세 가지 노동의 목적과 욕구를 충족시켜 주는 게 '좋은 노동'입니다. 곧, 인간이 자기중심주의에서 벗어나 자연을 보살피고 다른 사람들과 협력함으로써 자기 삶을 아름답고 격조 높은 하나의 예술품으로 완성해 가는 게 좋은 노동의 참모습이라고 할 수 있습니다. 이것이 앞에서 한 노동 이야기의 결론이었지요.

이런 맥락에서 슈마허가 높이 평가한 것은 이를테면 흙과 더불어 일하는 육체노동 같은 것이었습니다. 이런 노동은 자연의 리듬과 질서를 가르쳐 줍니다. 그래서 자연과 협력하지 않고서는 좋은 성과를 낼 수 없다는 걸 배우게 됩니다. 또한 이런 노동은, 모든 생명은 근원적으로 신비롭고, 모든 것에는 적절한 때가 있으며, 인간 능력에는 한계가 있다는 것을 가르쳐 줍니다.

슈마허는 '좋은 노동'을 하면 이런 지혜를 터득할 수 있다고 보았습니다. 또한 그럼으로써 '좋은 삶'에 이를 수 있다고 생각했지요. 실제로 슈마허는 평생 흙과 함께 육체노동을 하며 살아가는 시골 농부가 첨단 지식을 갖춘 전문가들보다 세상 이치를 더 잘 아는 지혜로운 사람이라고 높이 평가했습니다. 그에게 노동과 지혜와 '좋은 삶'은 이처럼 하나로 연결되는 것이었습니다.

앞에서도 가비오타스 사람들 얘기를 실마리로 삼아 '죽은 노동'에 대비되는 '산 노동'에 대해 얘기한 적이 있습니다. 기억나나요? 돈, 권력, 사회적 지위 같은 것들을 추구하기보다는 자기 삶의 이상을 이루고 자유와 해방을 누리는 데 도움이 되는 것, 자기가 하고 싶고 잘할 수 있는 일을 하는 것, 삶의 성숙과 발전을 이끌어 주는 것, 서로 돕고 함께 나누고 더불어 어우러지는 것, 자신의 행복은 물론 이웃과 벗과 공동체의 행복을 동시에 키우는 것, 자연과 조화로운 공생을 이루는 것 등이 '산 노동'의 주요한 특성들이었지요.

이런 산 노동, 좋은 노동에 견주어 산업주의 체제 아래서 이루어지는 자본주의 노예노동은 삶을 망가뜨리고 영혼을 좀먹습니다. 하지만 슈마허가 얘기한 것처럼 '좋은 삶'은 불안이 아닌 기쁨이 삶의 본질이 되고, 고통이 아닌 활력이 노동의 본질이 될 때 가능합니다. 일과 삶의 아름답고도 역동적인 일치. 슈마허가 소망한 바람직한 일과 삶의 관계가 이러합니다.

슈마허는 교육에 대해서도 비슷하게 생각했습니다. 그는 삶을 고귀한 예술품으로 가꾸어 나가는 데서 참된 지혜를 구하는 교육이 아주 중요하다고 여겼습니다. 그래서 그가 생각한 교육의 본질은 '어떻게 살아야 할 것인가?'에 대한 관념, 곧 가치를 전달하는 것이었습니다.

모든 것은 '인간이란 무엇인가?', '어떻게 살아야 하는가?', 그리고 '이를 위해 무엇을 해야 하는가?'라는 관념에 따라 결정됩니다. 이 관념에 따라 우리는 어떤 일을 할지 말지를 선택하고 결정합니다. 어떤 일을 안 하는 대신에 다른 일을 하는 것. 어쩌면 산다는 것의 핵심이 이것인지도 모릅니다. 바로 이 때문에 슈마허는, 교육이란 인간이 어떤 일과 다른 일 사이에서 선택할 수 있도록 해 주는 관념을 전달하는 것이라고 규정했습니다.

여기서 슈마허는 인문학의 중요성을 특별히 강조합니다. 인간과 세상의 참모습을 탐구하고 어떻게 살아야 하는가를 궁리하는 인문학이야말로 교육의 본뜻에 가장 잘 들어맞는다는 얘기지요. 슈마허가 여러 대목에서 언급한 형이상학이 그래서 중요합니다. 앞에서도 말했듯이 형이상학이란 사물의 본질이나 존재의 근본 원리를 탐구하는 학문입니다. 그래서 형이상학은 인생의 의미와 목적이 무엇인지를 끊임없이 찾고자 합니다. 그 기나긴 공부의 길을 가다가 우리는 문득 어떤 근본적인 확신이나 깊은 신념에 다다르게 되고, 바로 이것이 우리 삶의 '중심'을 이루게 됩니다.

우리는 이 '중심'에 따라 자신의 삶과 세계를 짜임새 있게 해석합니다. 동시에 이 '중심'을 잣대로 삼아 어떤 행동이나 선택을 하게 됩니다. 그리하여 이윽고 무질서 속에서 질서를 창조하게 됩니다. 슈마허는 바로 이것이 인간을 '형이상학적 어둠'으로부터 벗어나게 해 준다는 의미에서 제대로 된 교육이라고 말했습니다. 그래서 욕구와 필요를 구별하는 법, 소비의 양과 삶의 질을 구별하는 법, 지식과 지혜를 구별하는 법, 대량 생산과 대중에 의한 생산을 구별하는 법 같은 것을 가르쳐 주는 교육이야말로 참된 교육이라고 할 수 있습니다. 이것이 슈마허가 밝힌 교육의 임무입니다.

교육과 노동을 묶어서 생각하면, 참다운 교육이란 좋은 노동과 나쁜 노동을 구별할 수 있도록 가르치는 것입니다. 인간을 돈, 기계, 시스템 따위의 노예로 만드는 나쁜 노동을 거부하도록 독려하고 또 그럴 수 있는 힘을 길러 주는 게 슈마허가 말하는 교육입니다. 그리하여 올바른 교육은 노동의 본질은 생명의 기쁨이자 삶의 에너지라는 것을 일깨워 줍니다. 또한 그런 노동이야말로 우리로 하여금 진정으로 존엄하고 위대한 인간으로 성장할 수 있게 해 주는 지혜의 원천임을 가르쳐 줍니다. 슈마허의 목소리를 직접 들어 보지요.

당신의 재능을 묻어 두지도 말고 남들이 묻어 버리도록 내버려 두지도 말라. 인생이라는 배움터에서는 오직 좋은 노동, 다시 말해 일하는 사람을 고귀하게 만듦으로써 그 사람이 만들어 낸 생산품도 고귀해지는 노동만이 중요하다. 지금의 노동은 사람을 로봇이나 기계 부속품으로 전락시켜 인간 정신과 영혼을 크게 망가뜨리고 있다. 지금의 이런 노동 세계와 전혀 다른 노동 세계로 우리를 인도할 수 있도록 교육을 새롭게 짜는 게 나의 진정한 소망이다. 그러므로 우리 시대에 가장 시급한 일은 새로운 형이상학을 다시 세우는 것이다. 다시 말하면, '인간이란 무엇인가?', '삶의 목적과 의미와 가치는 무엇인가?' 같은 물음 앞에서 혼신의 힘을 다해 우리의 깊은 신념을 선명히 드러내는 일이다.

인간은 위대하다

참된 지혜와 '마음의 집'

슈마허는 산업사회를 넘어서는 새로운 미래로 나아가기를 열망했습니다. 한데 그런 세상의 변화는 근본적으로 사람의 변화에서 비롯하고 사람의 변화로 완성됩니다. 무엇보다, 지금까지 살펴본 경제와 과학기술에 관한 이야기든 그 어떤 이야기든 궁극적으로는 '사람'에 관한 이야기로 모아져 비로소 완결되기 마련입니다. 여기서 등장하는 것이 참된 지혜와 '마음의 집'을 둘러싼 이야기입니다.

슈마허에 따르면, 산업사회의 현실을 바꾸는 데서 핵심은 목적을 바꾸는 것입니다. 성장을 하는 목적, 생산을 하는 목적, 돈을 버는 목적, 노동하는 목적 같은 것들을 바꾸어야 한다는 거지요. 사실, 그동안 이루어진 급속한 경제성장과 과학기술 발전의 역사를 한마디로 정리하면 수단은 부유해졌지만 목적은 빈곤해졌다고 요약할 수 있습니다.

현대 세계에서 신성하다고 여겨지는 것들, 이를테면 물질적 부, 재화의 생산량, 과학기술의 발전, 속도, 효율성 같은 것들은 모두 진짜 목적이 아닙니다. 목적인 체하는 수단일 뿐이지요. 그러므로 먼저 해야 할 일은 산업사회가 가장 소중하게 떠받드는 물질적인 것에 본래의 정당한 지위를 부여하는 것입니다. 곧, 물질적인 것을 본질적인 것이 아니라 부차적인 것으로 자리매김하는 새로운 생활양식을 우선 배우고 익혀야 한다는 얘기지요. 슈마허의 얘기를 들어 보겠습니다.

생산의 논리는 생명의 논리도 아니고 사회의 논리도 아니다. 생산의 논리는 오히려 생명의 논리, 사회의 논리의 일부이자 여기에 딸린 것에 지나지 않는다. 생명을 치명적으로 망가뜨리는 물질이나 장치를 생산하는 것을 인간 창조력을 제대로 이용하는 것으로 여기는 한, 테러와 전쟁을 막을 수 없다. 생산과 소비 방식이 자연의 법칙을 따르지 않고 계속해서 거대하고 복잡하고 폭력적인 모습을 띠는 한, 환경오염에 대한 싸움도 성공할 수 없다. 마찬가지로 필요한 만큼이면 충분하며 이 선을 넘어서면 악이라고 생각하지 않는 한, 자원 고갈을 늦출 수도 없고 부와 권력을 쥔 사람들과 그렇지 못한 사람들 사이에 조화로운 관계를 이룰 수도 없다.

그러면서 그는 현대 세계의 온갖 어려운 문제를 해결하는 데 지혜, 정의, 용기, 절제만큼 적절한 가르침은 없다고 주장합니다. 그리고 그 가운데서도 가장 으뜸이자 나머지 것들을 아우르는 것은 '지혜'라고 강조합니다. 조금 어렵게 들릴지 모르겠는데, 슈마허에 따르면 지혜란 이런 것입니다.

　　"진리에 대한 인식을 현실에 걸맞은 의사 결정으로 바꾸는 것."

　　간단히 말하면, 현실과 동떨어진 추상적이고 관념적인 게 아니라 현실을 똑바로 알고 그 현실을 바꿀 수 있는 능력이 지혜란 뜻입니다.

　　그렇습니다. 지혜는 지상에서 벌어지는 일에는 아랑곳하지 않은 채 저 높은 하늘 위를 둥둥 떠다니는 구름 같은 게 아닙니다. 지금 우리가 발 딛고 살아가는 이 세상과 삶의 실체와 본질을 제대로 아는 것이 지혜의 고갱이입니다. 나아가 슈마허는, 지혜란 탐욕이나 시기심 같은 자기중심적 욕구에서 벗어나 더 높은 진리와 선과 아름다움을 발견하는 걸 뜻한다고 강조했습니다. 또한 자기를 뛰어넘어 다른 사람들도 '좋은 삶'을 살 수 있도록 힘껏 돕는 걸 의미한다고도 했습니다.

　　그럼, 어떻게 해야 이런 지혜에 이를 수 있을까요? 슈마허는, 지혜에 관한 책은 수없이 많지만 지혜는 오직 자신의 내부에서만 발견할 수 있다고 했습니다. 그리고 탐욕과 이기심의 지배에서 벗어난 뒤 찾아오는 평안하고 고요한 마음, 곧 '평정' 상태가 지혜의 통찰력을 제공해 준다고 보았습니다. 물질적인 목적에만 빠져 정신적인 목적을 가볍게 여기는 생활이 얼마나 천박하고 만족스럽지 않은지를 알 수 있게 해 주는 게 바로 이 통찰력이지요.

사실 따지고 보면, 욕망을 물질 영역에서 흡족하게 채우려고 하는 게 어리석은 환상이라는 건 어렵잖게 짐작할 수 있습니다. 사람의 욕망은 끝이 없기 때문입니다. 한없는 욕망을 물질에서만 채우려고 하면 아무리 채우고 채워도 끝내 채워지지 않는 갈증과 허기의 악순환에서 영원히 벗어나지 못할 것입니다. '무한한 것'을 온전히 채워 줄 수 있는 건 정신 영역밖에 없습니다. 정신이야말로 끝없이 열려 있으니까요. 그래서 무한히 높아지고 깊어지고 넓어질 수 있으니까요. 바로 이것을 깨닫는 데서 참다운 지혜는 비롯합니다.

현실을 바꾸는 출발점도 여기입니다. 슈마허는 산업사회의 생사가 걸린 중요한 문제들은 정치 개혁, 경제 개혁, 과학기술 발전 따위로는 해결할 수 없다고 단언했습니다. 그런 문제들은 우리 각자의 마음과 영혼 깊숙이 놓여 있다는 게 그의 생각이었습니다. 변화가 일어나야 할 곳은 다른 데가 아니라 바로 우리의 마음과 영혼이라는 얘기지요. "내가 실제로 할 수 있는 일이 뭘까요?"라고 묻는 사람들에게 슈마허는 단순명쾌하게 답했습니다. "먼저 자기 마음의 집을 손질하십시오." 라고 말입니다. 그의 얘기를 더 들어 보지요.

중요한 일은 각자가 사례를 만들어 내는 것이다. 우리가 할 수 있는 가장 위대한 '행동'은 우리가 처한 상황을 올바로 이해할 수 있는 능력을 키우고, 이런 이해를 바탕으로 각자의 마음속에서 확신과 결심, 남을 설득할 수 있는 능력을 쌓아 가는 일이다. 문제를 이해한 사람들은 무엇을 해야 할지를 안다. 그리고 혼자가 아니라는 것을 안다.

얘기가 조금 어렵고 복잡했나요? 방금 한 얘기를 알기 쉽게 정리하면 이렇습니다.

- 산업사회를 변화시키는 데서 가장 중요한 일은 '목적'을 바꾸는 것이다.
- 이 일을 하는 데 반드시 필요한 게 지혜다.
- 지혜란 현실을 똑바로 알고 그 앎을 바탕으로 현실을 바꿀 줄 아는 능력이다.
- 이런 지혜는 마음과 정신과 영혼에서 비롯하며, 현실의 변화 또한 '마음의 집'을 손질하는 데서 시작된다.

슈마허가 간 길, 우리가 갈 길

지혜와 '마음의 집'에 관한 슈마허의 얘기를 책 마지막에 이르러 결론 삼아 소개하는 이유는 뭘까요? 그것은 '나는 어떻게 살아야 하는가?'라는 너무나도 중요한 질문에 대한 답변의 실마리가 여기에 담겨 있어서입니다.

그런데 어떻게 살아야 할지를 궁리하고 탐색하는 길에는 결코 피해 갈 수 없는 질문이 가로놓여 있습니다. '인간이란 무엇인가?'와 '삶의 목적과 의미와 가치란 무엇인가?'가 그것입니다. 내가 누구인지를 모르고 또 내 삶의 목적과 의미와 가치를 찾지 못한 채 어떻게 살지를 알아낼 순 없는 노릇이니까요. 이 질문 앞에서 혼신의 힘을 다해 우리의 깊은 신념을 드러내는 것이야말로 우리 시대에 가장 시급히 요청되는 일이다, 라고 슈마허가 강조한 까닭이 여기에 있습니다.

바로 이렇게 해서 빚어지는 웅숭깊은 신념이 바로 우리 삶의 '중심'입니다. 그리고 이런 '중심'에서부터 인간이라면 누구나 지니고 있는 위대함과 존엄성이 옹골지게 자라나기 시작합니다. 삶과 세상을 바꾸는 힘과 지혜가 깃드는 곳도 여기이고요. 뿌리 깊은 나무는 바람이 불어도 흔들리지 않습니다. 그래서 꽃이 좋고 열매가 많습니다. 샘이 깊은 물은 가뭄이 들어도 마르지 않습니다. 그래서 내를 이루어 바다에 이르게 됩니다. '중심'이란 바로 이런 '뿌리 깊은 나무'나 '샘이 깊은 물'과 같은 것입니다.

'마음의 집'을 손질하자는 이야기가 뜻하는 바도 이것일 터입니다. 내 마음에 '뿌리 깊은 나무'를 우람하게 키우는 것. 내 정신과 영혼에 '샘이 깊은 물'을 튼실하게 파는 것. 그럼으로써 내 삶의 '깃발'을 힘차게 펄럭이는 것. 요컨대, 내 삶을 이끌어 갈 '등불'을 찾아내고 그 등불이 인도하는 길을 흔들림 없이 걸어갈 수 있는 힘과 지혜와 용기를 기르는 것. '마음의 집'을 손질하는 일이란 바로 이런 것입니다.

동시에 이것은 인간이란 무엇인지, 사람은 어떻게 살아야 하는지, 삶의 목적과 의미는 무엇인지 등에 대한 답을 찾아가는 여정이기도 합니다. 슈마허가 말했듯, 이런 과정을 거쳐 우리는 마침내 "자기 자신 속에 들어가 진리를 향한 지혜를 찾고, 그럼으로써 스스로를 구원하는" 드높은 경지로 한 걸음 한 걸음 나아가게 될 것입니다.

지금껏 논의했듯이 산업사회와 자본주의 시스템 아래서 한낱 사고파는 상품으로 전락한 나쁜 노동, 죽은 노동, 거짓 노동으로는 이런 인간의 위대함에 다다를 수 없습니다. 좋은 노동, 산 노동, 참된 노동으로 '좋은 삶'을 빚어낼 때 비로소 가닿게 되는 자유와 해방의 절정에서 활짝 꽃피어나는 것이 진정한 인간의 위대함입니다. 슈마허는 이렇게 표현했습니다.

예술가가 특별한 인간이 아니라 모든 인간이 특별한 예술가입니다. 인간은 신의 위치에서 지상으로 내려온 존재입니다. 인간이 이 세상에 온 것은 자신을 완성하기 위해서입니다. 우리 한 사람 한 사람은 신이 만드신 우주입니다.

그러므로 여러분, 무엇보다 중요한 것은 이토록 위대하고 고귀한 인간인 나 자신을 깊이 사랑하는 일입니다. 무엇보다 필요한 것은 인간의 위대함을 나 자신을 통해 발견하고 확인하는 일입니다. 스스로를 진심으로 사랑하고 신뢰하고 존중하기. 스스로를 정성을 다해 모시고 섬기기. 이것이 좋은 노동으로 좋은 삶을 일구고, 그럼으로써 자기 인생을 멋들어진 '신의 공예품'으로 만들어 가는 바탕이자 출발점입니다.

어쩌면 역설적으로, 이처럼 인간의 위대함을 스스로 실천하고 경험할 때 자신의 한계나 단점이나 허물 또한 제대로 깨닫고 고쳐 나갈 수 있을지 모릅니다. 또 어쩌면, 이처럼 자기를 온전히 높이고 채울

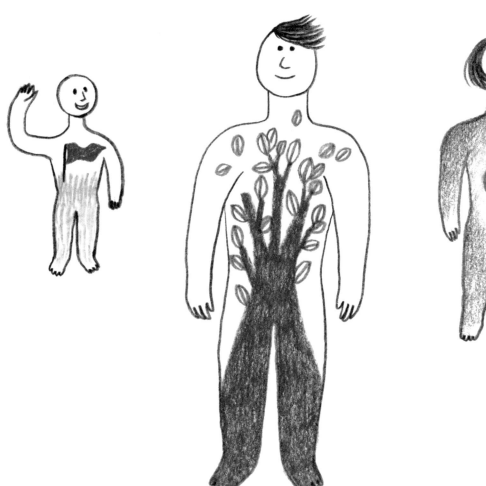

때 우리는 비로소 진정으로 낮아지고 비울 줄 아는 '지혜의 열쇠'를 찾을 수 있을지 모릅니다. 곧, 내가 지닌 인간으로서의 존엄성과 긍지에 대한 신념에 스스로 충실할 때 내 안의 이기심, 탐욕, 경쟁의식, 오만 같은 것들에서 보다 현명하게 벗어날 수 있을지도 모른다는 얘기지요. 아마도 우리가 간절히 소망하는 삶의 변화와 세상의 변혁 또한 이처럼 '마음의 집'을 잘 손질해서 인간의 참된 위대함을 되찾는 데서 시작될 것입니다.

자, 이제, 긴 이야기를 마무리해야겠네요. 여러 번 강조했듯이, 지금의 지배 체제는 사람을, 특히 인간 영혼과 정신을 불구와 파산 상태로 몰아넣고 있습니다. 숭고해야 할 우리 삶을 뿌리에서부터 망가뜨리고 조롱하면서 수많은 인간적 가능성을 탕진하고 있습니다. 그러나 이제 여기, 슈마허가 일러 주는 새로운 '인간의 길'이 있습니다. 그가 간절한 바람과 굳은 믿음으로 '우리 함께 인간의 위대함과 존엄성을 되찾자.'며 내미는 지혜와 용기의 손길이 있습니다.

이 고단하고 비루한 시절에, 그 손 맞잡고 그 길을 가다 보면 어디쯤인가에서 단순히 '지금보다 나은' 미래가 아니라 '지금과는 다른' 미래를 만나게 되리라는 꿈을 품어 보는 건 어떨까요? 그 길이 비록 멀고 험할지라도 말입니다.

희망은 주어지는 게 아니라 조직하는 것입니다. 삶과 세상을 바꾸는 주역은 공허하게 목청 높이는 자들이 아닙니다. 바람 부는 어두운 들판에 설지라도 대지의 푸른 숨결과 더불어 묵묵히 자신의 밭을 일

구는 사람들입니다. 그리하여 희망은, 곧 새로운 미래를 향한 출구는,
이런 사람들의 따뜻하고도 힘찬 어깨동무를 통해서만 비로소 열릴
수 있을 것입니다. 바로 이것이 슈마허가 걸어 간 길입니다.

　　그렇다면, 우리는 어떤 길을 가야 할까요?

슈마허가 그리운 이유

슈마허는 1977년에 이 세상을 떠났습니다. 그 뒤 어느덧 40년에 가까운 세월이 흘렀습니다. 만약 슈마허가 지금 살아 있다면 무슨 얘기를 할까요? 지금의 현실을 자기가 수십 년 전에 했던 주장과 비교해 본다면 어떤 생각이 들까요? 이런 궁금증에 속 시원한 답변을 내놓기는 어렵습니다. 사람이나 관점에 따라 견해가 얼마든지 다를 수 있으니까요.

하지만 분명한 건 있습니다. 우선, 슈마허가 그토록 중요하게 여겼던 지속 가능성이라는 측면에서 볼 때 세상은 더 깊은 위기와 위험에 빠졌습니다. 지구 온난화와 기후 변화가 대표적입니다. 잘 알다시피 이것은 오늘날 인류가 맞닥뜨리고 있는 여러 생태 위기 가운데서도 가장 중대하고도 절박한 사안입니다. 하지만 이것은 슈마허 당시에는 아예 문제로 인식조차 되지 않았습니다. 곧, 슈마허 이후 전 지구적으로 산업화와 성장이 더욱 거세게 진행되면서 화석연료 사용이 크게 늘어났고 그만큼 온실가스가 많이 배출됐다는 얘기지요.

또 다른 예를 들면, 슈마허가 남다른 통찰력으로 누구보다 앞서 내다본 원자력 발전의 문제는 어떤가요? 앞에서도 언급했듯이 슈마허 당시만 해도 세계 사람들 절대다수가 원자력 발전을 찬양해 마지않았습니다. 그래서 그 뒤 원자력 발전이 크게 늘었습니다. 그러다 결국은 체르노빌과 후쿠시마 참사 등과 같은 대재앙이 터지고 말았지요. 일찌감치 슈마허가 꿰뚫어 본 대로 원자력 발전이 상상을 초월하는 엄청난 비극을 낳을 수밖에 없는 '죽음과 절멸의 에너지'라는 사실이 또렷이 밝혀진 것은 그 당연한 결과입니다.

이런 보기를 들자면 끝도 없이 이어질 테지요. 한마디로, 환경 파괴와 생태 위기가 갈수록 깊어지면서 사람은 물론 모든 자연과 생명의 운명이 더욱더 위태로운 벼랑으로 내몰리고 있는 게 오늘의 현실입니다. 달리 말하면 슈마허의 예언과 경고, 그리고 호소가 지금도 여전히 절실하고도 소중한 울림으로 다가온다는 얘기지요. 아니 어쩌면 당시보다 더 절박하게 귀 기울여야 할 목소리라고 해야 할지도 모르겠습니다.

그럼, 슈마허가 깊이 탐구했던 경제 쪽은 어떨까요? 그동안 물질적 부의 총량은 놀랍도록 크게 늘어났습니다. 그리고 이에 힘입어 수많은 사람이 이전과는 견주기 힘들 정도의 안락과 편리를 누리게 되었습니다. 그렇지만 깊이 들여다보면 삶 자체의 풍요와 행복과 만족이 그렇게 높아진 것 같진 않습니다. 왜 그럴까요?

슈마허가 사망한 뒤인 1980년대부터 온 세상을 집어삼키기 시작한 것은 신자유주의 세계화 바람입니다. '세계화'란 말 그대로 세계 전체가 하나의 틀로 묶이는 현상을 가리킵니다. 나라들 사이의 경계가 흐릿해지고 특히 경제 분야를 중심으로 세계 전체가 하나로 통합돼 간다는 거지요. 그리하여 경제가 한 나라에 국한되는 게 아니라 시장이라는 하나의 그물망으로 온 세계와 연결되고 결합되었습니다. 그리고 이 과정에서 세계 전체를 시장으로 삼아 큰돈을 벌어들이는 거대 다국적 기업들이 가장 큰 힘을 갖게 되었습니다.

이들 기업이 주도하는 세계화 경제는 무한 경쟁과 자유무역을 지향합니다. 그래서 기업들은 국가의 개입과 간섭을 반대하면서 자신들의 활동에 방해가 되는 거추장스러운 법, 제도, 규제 정책 같은 것들을 없애거나 줄이라고 요구합니다. 모든 것을 시장에 맡기는 게 가장 효율적이라고 주장합니다. 자신들에게 최대한 자유로운 활동을 보장해 주어야 경제가 성장하고 무역도 늘어날 거라는 얘기지요. 이런 식의 논리가 바로 '신자유주의'입니다.

하지만 이것은 '강한 자'에게 유리합니다. '자유로운 경쟁'의 결과는 뭘까요? 예를 들어 유치원생과 대학생을 똑같은 출발선에 놓고 '자유롭게' 달리기 경주를 시키면 어떻게 될까요? 결과는 불을 보듯 빤합니다. 신자유주의 세계화 경제는 이런 식의 경쟁을 끝도 없이 벌이자고 강변합니다.

오늘날 우리가 경험하고 있는 극심한 양극화와 불평등은 그 필연적인 결과입니다. 요즘 널리 쓰이는 '승자 독식'이나 '강자 독식'이란 말이 의미하는 바가 뭔가요? 알다시피 이긴 자와 강한 자가 모든 것을 휩쓸어 간다는 뜻입니다. 또 '1 대 99 사회'란 말은요? 99퍼센트의 절대다수가 아니라 극소수 상위 1퍼센트가 부와 권력을 독차지한다는 뜻입니다. 두루 지금의 현실을 압축적으로 상징하는 씁쓸한 표현들이지요.

지난 2008년 전 세계를 강타한 금융 위기는 이런 신자유주의 세계화 경제 시스템이 안고 있는 모순과 한계를 날것으로 보여 주었습니다. 자본주의 체제 자체가 흔들리는 것 아니냐는 성급한 진단이 나오기까지 했지요. 하지만 차갑고 메마른 '돈의 힘'이 주인 노릇 하는 산업사회와 자본주의 주류 시스템은 여전히 활개를 치고 있습니다. 뿐만 아니라 이 시스템은 끊임없이 위기와 혼돈을 만들어 내면서 참된 인간과 생명의 가치에 더욱 깊은 상처를 입히고 있습니다.

슈마허가 집중적으로 파고든 또 하나의 주제인 과학기술 쪽도 어슷비슷합니다. 두말할 나위도 없이 그동안 다양한 분야에서 이루어진 과학기술의 급속한 발전은 실로 경이롭습니다. 오늘날 첨단 과학기술이 척척 선보이고 있는 놀라운 성과들은 아마 수십 년 전 슈마허로서는 상상도 하기 어려울 것입니다. 하지만 슈마허가 집요하게 질문했듯이, 이것이 인간의 참된 자유와 해방과 행복에 얼마나 이바지했을까요?

현대 과학기술의 발전은 빛이 밝은 만큼이나 그늘 또한 짙게 드리 웠습니다. 특히 과학기술이 '거대주의'의 수렁에 빠지고 권력과 자본에 종속되면서 그것의 폭력성과 파괴성은 더욱 커졌습니다. 갈수록 자연의 질서가 어지러워지고, 삶의 안전과 평화가 위태로워지며, 생명의 소중함과 신성함이 망가지는 것은 이런 흐름이 낳은 불가피한 귀결입니다.

그러니 '슈마허 이후'를 간추리면 이렇게 얘기할 수 있지 않을까요? 여전히, 아니 어쩌면 더욱더 거칠고도 위험한 방식으로, 돈과 물질이 삶과 생명을, '덧없는 것'이 '영원한 것'을, '비천한 것'이 '고귀한 것'을, '큰 것'이 '작은 것'을 잡아먹고 있다고 말입니다. 안타깝고 서글픈 일입니다. 인류가 슈마허의 얘기를 좀 더 진지하게 받아들였다면 적어도 지금보다는 나은 세상을 만들 수 있었을 테니까요.

그런데 여러분, 혹시 슈마허가 너무 어둡고 부정적이고 비관적인 얘기만 해대는 사람이라는 생각은 들지 않나요? 또 지나치게 일방적이고 편파적인 얘기만 늘어놓고 원리원칙만 내세우는 '고집불통' 같은 사람으로 느껴지진 않나요? 이런 생각, 이런 느낌에 일리가 없는 건 아닙니다. 그렇게 여겨지는 측면이 있다는 건 부인하기 어렵지요.

하지만, 책 앞부분에서도 밝혔듯이, 그가 하고자 한 일은 세상과 인간을 바라보는 하나의 명확하고도 근본적인 관점을 제시하는 것이었습니다. 그는 세계의 본질과 삶의 진실을 '정직한 눈'과 '뜨거운 양심'

으로 파헤치고자 했습니다. 그리고 새로운 대안을 제시하고자 했습니다. 물론 그를 어떻게 평가하고 그에게서 무엇을 취하고 버릴지는 여러분의 판단에 달렸습니다. 그렇지만 적어도 이렇게는 말할 수 있을 듯합니다. 『작은 것이 아름답다』는 그런 순정한 지적 고투의 기록이자, 불의하고 거짓된 시대에 맞서 싸운 용기 있는 실천의 생생한 증언이라고 말입니다.

슈마허는 언젠가 "나는 우리를 고무시킬 수 있는 바람을, 배를 더 좋은 세계로 인도할 바람을 스스로 일으키지는 못한다. 그러나 나는 최소한 바람이 일 때 그 기회를 이용할 수 있도록 돛을 올릴 수는 있다."라고 말한 적이 있습니다. '바람'을 일으키는 것은 이제 오롯이 우리가 감당해야 할 몫입니다. 아마도 슈마허와 『작은 것이 아름답다』는 그 '바람'을 '더 좋은 세계'로 이끄는 '돛'의 구실을 어느 정도는 해 줄 것입니다. 1973년에 나온 이 책이 지금도 살아 있는 고전으로 빛을 발하는 이유가 여기에 있습니다.

시대의 어둠이 갈수록 짙어 가는 요즘, 슈마허가 더욱 그립습니다.

| 더 읽으면 좋은 슈마허의 책들 |

● 『굿 워크』, 박혜영 옮김, 느린걸음 펴냄, 2011

슈마허가 생의 마지막 무렵에 미국 전역을 누비며 펼친 강연을 묶은 책. 당시 수만 명의 사람이 모여들어 슈마허의 얘기에 귀를 기울이며 열광했다. 현대 산업사회에 내장된 악(惡)을 파헤친 문명 비판서로서, 현대 문명과 거대 기술, 삶과 노동 등에 대한 심오한 통찰이 담겼다. 슈마허는 이 책에서 "인간의 노동을 너무나 무의미하고 지루하게 만들며 인간의 삶을 타락시킨 것"이 산업사회가 저지른 가장 큰 죄악이라고 규정했다.

● 『내가 믿는 세상』, 이승무 옮김, 문예출판사 펴냄, 2003

『작은 것이 아름답다』의 '속편' 격으로서, 영국의 생태주의 잡지 『리서전스(Resurgence)』에 실린 슈마허의 글들을 한 권으로 묶은 책. 산업문명이 낳은 물질 지상주의를 통렬하게 비판하면서 '인간 중심의 경제'를 건설하자는 제안을 도발적으로 내놓고 있다. 이 세상을 망가뜨리는 주범인 주류 경제학의 실체를 폭로하는 것을 넘어 새로운 미래의 대안을 조목조목 펼쳐 보인다.

● 『당혹한 이들을 위한 안내서』, 송대원 옮김, 따님 펴냄, 2007

슈마허가 런던 대학에서 '현대생활의 근본 문제'라는 주제로 강의한 내용을 토대로 하여 쓴 책. 일종의 철학서로서, 인간과 세계에 대한 슈마허의 철학적 사유가 잘 드러난다. 현대 산업사회의 잘못된 길안내 탓에 당혹스러움을 느끼는 이들에게 선사하는 새로운 '삶의 지도'라고 할 수 있다. 슈마허는 평생에 걸쳐 '나는 어떻게 살아야 하는가?'라는 문제를 탐구했다. 이 책엔 그 과정에서 빚어진, 삶의 참된 의미와 가치에 관한 슈마허의 깊은 지혜가 아로새겨져 있다.

생각이 찾아오는 학교 너머학교

생각한다는 것
고병권 선생님의 철학 이야기
고병권 지음 | 정문주 · 정지혜 그림

탐구한다는 것
남창훈 선생님의 과학 이야기
남창훈 지음 | 강전희 · 정지혜 그림

기록한다는 것
오항녕 선생님의 역사 이야기
오항녕 지음 | 김진화 그림

읽는다는 것
권용선 선생님의 책 읽기 이야기
권용선 지음 | 정지혜 그림

느낀다는 것
채운 선생님의 예술 이야기
채운 지음 | 정지혜 그림

믿는다는 것
이찬수 선생님의 종교 이야기
이찬수 지음 | 노석미 그림

논다는 것
오늘 놀아야 내일이 열린다!
이명석 글 · 그림

본다는 것
그저 보는 것이 아니라 함께 잘 보는 법
김남시 지음 | 강전희 그림

잘 산다는 것
강수돌 선생님의 경제 이야기
강수돌 지음 | 박정섭 그림

사람답게 산다는 것
오창익 선생님의 인권 이야기
오창익 지음 | 홍선주 그림

그린다는 것
세상에 같은 그림은 없다
노석미 글 · 그림

관찰한다는 것
생명과학자 김성호 선생님의 관찰 이야기
김성호 지음 | 이유정 그림

말한다는 것
연규동 선생님의 언어와 소통 이야기
연규동 지음 | 이지희 그림

너머학교 고전교실

삼국유사,
끊어진 하늘길과 계란맨의 비밀
일연 원저 | 조현범 지음 | 김진화 그림

종의 기원,
모든 생물의 자유를 선언하다
찰스 다윈 원저 | 박성관 지음 | 강전희 그림

너는 네가 되어야 한다
고전이 건네는 말 1
수유너머R 지음 | 김진화 그림

나를 위해 공부하라
고전이 건네는 말 2
수유너머R 지음 | 김진화 그림

욕망,
고전으로 생각하다
수유너머N 지음 | 김고은 그림

사랑,
고전으로 생각하다
수유너머N 지음 | 전지은 그림

진화와 협력,
고전으로 생각하다
수유너머N 지음 | 박정은 그림

생각연습
생각의 근육을 키우는 질문 34
리자 하글룬트 글 | 서순승 옮김 | 강전희 그림

쿠바 알 판 판 알 비노 비노
오로가 들려주는 쿠바 이야기
오로 · 김경선 지음 | 박정은 그림

그림을 그린 **소복이** 선생님은

대학에서 역사를 공부한 만화가이지 일러스트레이터입니다. 자유롭고 발랄한 상상력, 소박하고도 유머가 돋보이는 만화와 그림으로 주목을 받고 있고, 참여연대의 월간지 『참여사회』에 「이럴 줄 몰랐지」를 연재하고 있습니다. 직접 쓰고 그린 책으로 『시간이 좀 걸리는 두 번째 비법』 『우주의 정신과 삶의 의미』 『이백오 상담소』 『애쓰지 말고, 어쨌든 해결』이 있고, 『착한 옷을 입어요』 『우리 집 물 도둑을 잡아라』 『먼지가 지구 한 바퀴를 돌아요』 『저녁 별』 등에 그림을 그렸습니다.

너머학교 고전교실 13

작은 것이 아름답다

2016년 10월 20일 제1판 1쇄 발행
2018년 3월 15일 제1판 2쇄 발행

지은이	장성익
그린이	소복이
펴낸이	김상미, 이재민

편집	정진라
디자인기획	민진기디자인

종이	다올페이퍼
인쇄	청아문화사
제본	길훈문화사

펴낸곳	너머학교
주소	서울시 종로구 자하문로24길 32-12 2층
전화	02)336-5131, 335-3366, 팩스 02)335-5848
등록번호	제313-2009-234호

ⓒ 장성익, 2016

ISBN 978-89-94407-49-4 44300
ISBN 978-89-94407-30-2 44000(세트)

www.nermerbooks.com

너머북스와 너머학교는 좋은 서가와 학교를 꿈꾸는 출판사입니다.